ETUDE

BOTANIQUE, CHIMIQUE ET PHYSIOLOGIQUE

SUR LE

THALICTRUM MACROCARPUM

PAR

E. DOASSANS

Docteur en médecine de la Faculté de Paris
Ancien externe, lauréat des hôpitaux de Paris
(Médaille de bronze de l'Assistance publique)
Ancien préparateur de botanique au Muséum d'histoire naturelle
Ancien élève des Hautes-Etudes (Sciences chimiques et physiologiques)
Membre de la Société botanique de France.

Avec planche et figures

PARIS
LIBAIRIE DES SCIENCES MÉDICALES Ve FRÉDÉRIC HENRY
13, rue de l'Ecole-de-Médecine, 13

1881

ÉTUDE

BOTANIQUE, CHIMIQUE ET PHYSIOLOGIQUE

SUR LE

THALICTRUM MACROCARPUM

ETUDE

BOTANIQUE, CHIMIQUE ET PHYSIOLOGIQUE

SUR LE

THALICTRUM MACROCARPUM

PAR

E. DOASSANS

Docteur en médecine de la Faculté de Paris
Ancien externe, lauréat des hôpitaux de Paris
(Médaille de bronze de l'Assistance publique)
Ancien préparateur de botanique au Muséum d'histoire naturelle
Ancien élève des Hautes-Etudes (Sciences chimiques et physiologiques)
Membre de la Société botanique de France.

Avec planche et figures

PARIS
LIBAIRIE DES SCIENCES MÉDICALES Ve FRÉDÉRIC HENRY
13, rue de l'Ecole-de-Médecine, 13

1881

AVANT-PROPOS

Au mois d'août 1879, nous avons eu l'occasion de faire quelques excursions botaniques dans les montagnes de la vallée d'Ossau (Basses-Pyrénées), qui, on le sait, nourrit des plantes qui lui appartiennent exclusivement et sont justement remarquables par leur distribution géographique tellement restreinte qu'on les chercherait vainement sur tout autre point du globe.

Parmi ces espèces rares le Thalictrum macrocarpum est sans contredit l'une des plus intéressantes. Le grand développement de ses racines, leur coloration jaune d'or ainsi que leur amertume très accusée fixèrent notre attention, et l'idée nous vint de recueillir les parties souterraines de cette renonculacée pour en faire l'objet d'une étude particulière.

Signaler une plante indigène fort peu connue, rechercher ses propriétés chimiques et physiologiques tel a donc été le but de notre travail.

L'étude botanique du Thalictrum macrocarpum a été faite au laboratoire de Botanique de M. le professeur Bureau, au Muséum d'Histoire naturelle de Paris. Nous exprimons ici à notre ancien maître nos sentiments de reconnaissance pour les marques de bonté qu'il nous a constamment données pendant tout le temps que nous avons travaillé près de lui.

Nous devons également des remerciments à M. le professeur Wurtz qui nous a ouvert avec la plus grande bienveillance son laboratoire pour les recherches chimiques de notre travail.

Grâce encore aux encouragements de notre vénéré maître M. Vulpian, il nous a été possible d'aborder ensuite avec quelque confiance l'étude des effets physiologiques déterminés par le Thalictrum macrocarpum. Qu'il nous soit donc permis de témoigner à M. le professeur Vulpian, notre profonde reconnaissance.

Nous adressons aussi à son chef de laboratoire, M. Bochefontaine, un témoignage public de vive gratitude pour son obligeant concours dans nos recherches physiologiques.

Nous exprimons enfin nos remercîments sincères à MM. Richet et Hanriot, professeurs agrégés de la Faculté de médecine de Paris, à M. Cornu, aide-naturaliste au Muséum d'Histoire naturelle et à M. H. Mourrut, qui nous ont facilité diverses recherches nécessitées par notre étude.

Ce travail est divisé en quatre parties. Dans la première nous donnons, avec un court aperçu du genre Thalictrum, l'histoire botanique complète du Thalictrum macrocarpum.

La seconde est consacrée aux recherches chimiques des principes renfermés dans les racines de cette plante.

La troisième est réservée à l'étude expérimentale des effets déterminés dans l'organisme par cette renonculacée.

Nous terminons par des conclusions résumant les résultats de nos diverses recherches sur le Thalictrum macrocarpum.

PREMIÈRE PARTIE

ETUDE

BOTANIQUE, CHIMIQUE ET PHYSIOLOGIQUE

SUR LE

THALICTRUM MACROCARPUM

> Où sont nos maîtres, quand les Pyrénées leur offrent de si beaux sujets de méditation?
>
> (RAMOND, *Voyages au Mont-Perdu,* an IX-1801).

PREMIÈRE PARTIE

Notes botaniques.

Avant de commencer l'étude du Thalictrum macrocarpum, il ne sera pas inutile de retracer sommairement les principaux caractères et les divisions du genre auquel il appartient. Les pages suivantes permettront de voir plus clairement la place occupée par cette espèce pyrénéenne et ses affinités avec les autres espèces de Thalictrum dont nous aurons occasion de parler dans le courant de ce travail.

§ 1. — GENRE THALICTRUM.

Le genre thalictrum, un des plus nombreux de la famille des Renonculacées, a été créé par Tournefort, d'après une plante citée sous ce même nom par Dioscoride, et que l'on présume appartenir à ce genre; il a été rapproché par M. le professeur Baillon (1) du genre Clematis et Actæa pour former la tribu des Clematideæ. Cet auteur envisage les thalictrum, comme des Clematis à préfloraison imbriquée et à feuilles alternes. Nous allons résumer les caractères botaniques attribués aujourd'hui à ces plantes.

A. — *Description botanique du genre Thalictrum.*

Les thalictrum sont des plantes herbacées, vivaces, possédant des fleurs formant diverses *inflorescences*, terminales, en grappes corymbiformes ou pyramidales. L'inflorescence peut aussi être ombelliforme, comme dans le *Thalictrum anemonoïdes* Michx.

Les *fleurs* des thalictrum sont hermaphrodites, dioïques, monoïques ou polygames, dressées ou penchées, le plus souvent petites et jaunâtres sans *corolle*.

Le *calice* est formé de quatre, cinq, six *sépales* colorés, dont la préfloraison est imbriquée alternative, ils sont comme

(1) Baillon. *Histoire des plantes*, t. I, p. 57.

articulés à leur base, et se détachent de bonne heure du receptacle.

Les *étamines*, qui fournissent des caractères importants dans l'étude des thalictrum, sont en nombre indéfini, pédicellées, égales, hypogynes, dressées ou pendantes, déhiscentes sur les côtés, ou un peu en dedans, par deux fentes longitudinales ; ces étamines sont toutes fertiles, quelquefois les plus externes se montrent stériles et pétaloïdes. Leur *filet* qui est rouge ou jaunâtre, très petit avant l'anthèse acquiert un grand développement au moment de l'épanouissement de la fleur. Les *anthères* sont fort polymorphes, variant beaucoup de formes et de dimensions, linéaires dans la plupart des thalictrum, globuleuses dans quelques-uns comme dans le *Thalictrum anemonoïdes* Michx., le *Thalictrum clavatum* DC. Le nombre des étamines varie également beaucoup, réduit à cinq ou six dans le *Thalictrum rynchocarpum* Dill. et Rich., dépassant vingt dans plusieurs espèces. Le *pollen* globulaire, blanchâtre ou jaunâtre, est muni de plusieurs pores.

Les thalictrum présentent un ou plusieurs *pistils*, supportés par un *réceptacle* en forme de disque, quelquefois conique.

A chaque pistil, correspond un *ovaire* à une seule loge, renfermant un seul *ovule* suspendu avec le raphé dorsal et le micropyle dirigé en haut et en dedans. Cet ovule est périspermé, pourvu d'un simple tégument, il possède un embryon très petit à radicule supère.

Le *style* est terminal, persistant, le plus souvent droit, d'autres fois enroulé, comme dans le *Thalictrum javanicum* Blum. Il est plus court ou plus long que l'ovaire. Le *Thalictrum macrocarpum* Gren., le *Thalictrum rhynchocarpum*

Dill. et Rich., ainsi que beaucoup d'espèces américaines sont caractérisés par la longueur de la partie stigmatifère du style.

D'après M. Lecoyer, le *stigmate* constitue l'un des éléments les plus précieux de la délimitation des espèces et des subdivisions du genre thalictrum ; malheureusement il est d'une observation difficile par ses dimensions généralement microscopiques et sa nature membraneuse.

Le *fruit* des thalictrum, qui est un *achaine*, a servi de base caractéristique à la plupart des sections de ce genre qui subsistent aujourd'hui, soit par sa forme, soit par la nature de sa nervation.

Le *péricarpe* de cet achaine a une assez forte épaisseur, on peut y observer nettement l'épicarpe, le mésocarpe, et l'endocarpe ; l'ovule occupe le plus souvent toute la cavité de l'ovaire.

Les fruits des thalictrum indéhiscents, sessiles ou stipités, sont en général de forme subsphérique.

Leurs *nervures* peuvent être longitudinales, simples, arrondies ou anguleuses, ou bien réticulées, sinueuses ou anastomosées.

Les thalictrum possèdent une *tige* annuelle, variant beaucoup d'une espèce à l'autre. Elle est presque nulle dans le *Thalictrum alpinum* L., et se réduit à une hampe florale, pourvue d'un involucre, dans le *Thalictrum anemonoïdes* Michx.

Les *feuilles* des thalictrum sont ternées ou pennées, alternes et généralement disposées selon le cycle quinconcial, à spirale droite ou gauche. Le *Thalictrum filamentosum* Maxim. et le *Thalictrum tuberiferum* Maxim. de l'Asie orientale n'ont par exception que deux feuilles caulinaires chacun.

En général les feuilles des thalictrum sont pétiolées. Le *pétiole* est ordinairement court et disparaît fréquemment ; il se dilate à sa base en une sorte d'expansion membraneuse. Il résulte, dans certains cas de cette disposition, une véritable *gaîne* qui peut servir à caractériser le *Thalictrum longistylum* DC. de l'Amérique méridionale.

Dans d'autres cas, comme dans le *Thalictrum aquilegifolium* L. et le *Thalictrum Chelidonii* DC., on remarque à l'origine de toutes les divisions du limbe de petits appendices foliacés, désignés sous le nom de *stipelles*, caractéristiques pour ces deux espèces.

Les *folioles* sont excessivement variables, elles peuvent être lancéolées, linéaires, aciculaires, ovales, obovales, oblongues, cunéiformes, cordées.

Au microscope, les folioles présentent, dans beaucoup de cas, une pubescence et une glandulosité qui ont servi particulièrement à distinguer certaines espèces, comme le *Thalictrum pubigerum* Benth., et le *Thalictrum dasycarpum* Fisch. Mey. et Lallem.

D'après M. Lecoyer, les *glandes* et les *poils* des folioles des thalictrum formeraient des caractères sérieux et variés, dont la constance et l'abondance pourraient concourir efficacement, au même titre que les autres éléments distinctifs en usage, à grouper où à séparer les formes litigieuses affines.

Nous avons déjà dit que les thalictrum se composent d'espèces vivaces, la souche seule est pérennante, les tiges sont annuelles.

La *souche* s'offre sous deux états principaux, tantôt elle comprend un rhizôme déterminé, écailleux, horizontal, ou oblique, pourvu de racines adventives, cylindriques, brunes, grises ou jaunâtres, garnies de fibrilles. Elle est d'autres fois, déterminée, munie d'une racine pivotante pouvant offrir des ramifications fusiformes.

Il est certain que cet organe présenterait des ressources précieuses pour la distinction des espèces, malheureusement cette partie de la plante fait souvent entièrement défaut dans la plupart des herbiers.

B. — *Géographie botanique et divisions du genre Thalictrum.*

Les thalictrum se rencontrent communément dans tout l'Ancien continent, et la plus grande partie du Nouveau; ce sont des plantes des régions froides ou tempérées de l'Europe, de l'Inde Orientale, du Cap de Bonne-Espérance, et de l'Amérique. Les grandes îles voisines des continents, celles de la Sonde par exemple, en présentent aussi quelques espèces.

Le genre thalictrum est l'un des plus difficiles à étudier, au point de vue de la distinction spécifique des plantes qui le composent. Les espèces européennes, en particulier, présentent sous ce rapport des difficultés extrêmes, s'accroissant tous les jours avec le démembrement des types linnéens.

Une classification convenable des espèces de ce genre difficile est encore à faire. Elle a été courageusement entreprise dans ces dernières années, par un éminent botaniste que nous avons déjà mentionné, M. Lecoyer. Cet auteur a rassemblé déjà, dans plusieurs mémoires publiés dans les *Bulletins de la Société royale de Botanique de Belgique*, des matériaux considérables pour établir la monographie de ce genre polymorphe et nous ne doutons pas que, grâce à son talent d'observation, nous ne possédions prochainement une classification normale des thalictrum connus. M. Lecoyer a déjà donné une liste très intéressante où il se « borne à présenter, conformément à la synonymie admise par la plupart des auteurs modernes, le classement du genre thalictrum, par ordre de similitude et d'affinité, avec leur aire respective de dispersion, telle qu'elle peut être établie aujourd'hui (1).»

Nous avons cru utile de joindre à notre travail cette liste, en inscrivant seulement les espèces franchement admises par cet auteur, avec leurs synonymes et leur géographie, on la trouvera plus loin.

Les fruits des thalictrum ont servi de base à la plupart des sections faites dans ce genre. De Candolle, dans son *Systema* t. I, pag. 168, a établi la division des thalictrum en trois sections sur la forme de ces fruits.

La première de ces sections, section *Tripterium*, renferme des thalictrum dont les achaines sont caractérisés par trois angles ailés, stipités, possédant des racines fibreuses, des feuilles multiséquées, à pétiole rameux pourvu d'oreillettes à la base des ramifications du pétiole.

Le type de cette section est le *Thalictrum aquilegifolium* L.

La seconde section, section *Physocarpum*, comprend des plantes analogues à celles qui fait l'objet de ce travail, caractérisées par des achaines renflés, vésiculeux, stipités, à angles dilatés, à graine beaucoup plus petite que la cavité qui la renferme, à fleurs dioïques, monoïques ou

(1). Lecoyer. *Bulletin de la Société royale de Botanique de Belgique*, t. 14 p. 169; t. 15 p. 112; t. 16 p. 198.

polygames, à feuilles bi-tri-ternatiséquées, possédant des racines fibreuses ou des racines pivotantes présentant parfois des ramifications fusiformes.

Les espèces de cette section appartiennent presque toutes à l'Amérique, à l'exception du *Thalictrum macrocarpum* Gren que nous étudions, les autres types de ce groupe sont les suivants :

Thalictrum podocarpum H. B. K.
Thalictrum longistylum DC.
Thalictrum rutidocarpum DC.

La dernière section, section *Euthalictrum*, comprend un nombre considérable d'espèces, la majorité des espèces européennes y sont renfermées.

Les thalictrum de ce groupe sont caractérisés par des achaines sessiles, ovales, oblongs, à côtes nombreuses, verticales, saillantes ; ils possèdent des fleurs dioïques, polygames, ou plus souvent hermaphrodites, des feuilles de forme très variable, et des racines fibreuses ou tuberculeuses.

De Candolle a réparti les *Euthalictrum* en plusieurs sous-sections ; avec Endlicher (1), nous admettrons leur division, en deux sous-sections seulement.

La première, celle des *Thalictroïdes*, qui comprend les espèces à racines fibreuses, ayant pour type les suivantes :

Thalictrum Cornuti L.
Thalictrum alpinum L.
Thalictrum rotundifolium DC.

La seconde celle des *Syndesmon*, renfermant des thalic-

(1) Endlicher. *Genera plantarum*, p. 845.

trum spéciaux, à racines renflées en forme de tubercules comme les :

Thalictrum tuberosum L.
Thalictrum orientale Boiss.
Thalictrum anemonoides Michx.
Thalictrum debile Buckl.

L'énumération suivante des Thalictrum franchement admis par M. Lecoyer, et classés par ordre d'affinités, permettra de voir la place occupée par le *Thalictrum macrocarpum* Gren., ainsi que celle des autres espèces de thalictrum, jouissant de propriétés médicinales.

Cette énumération, comprenant les 57 espèces suivantes, nous facilitera en outre l'exposé de certaines analogies signalées en passant, dans le cours de notre travail, entre le thalictrum macrocarpum et d'autres thalictrum.

1. — **Thalictrum aquilegifolium** L. — Syn. *T. atropurpureum* Jacq. *T. formosum* Sims, *T. niveum* Baumgt., *T. laxiflorum* Schur., *T. pauciflorum* Schur., *T. integratum* Gandog., *T. platyphyllum* Gandog., *T. Borderi* Gandog., *T. obtusilobum* Gandog., *T. Pyrrha* Gandog. *T. tenerifolium* Gandog, *T. juranum* Gandog., *T. oxyphyllum* Gandog. — Près couverts et humides, montagnes boisées. Europe continentale, principalement dans la partie centrale ; devient de plus en plus rare vers le nord-ouest, et fait défaut dans les îles Britanniques. Asie médiane et boréale, jusqu'au Kamtchatka ; îles Kurilles et Japon.
2. — **Thalictrum elegans** Wall. — Asie : Himalaya, Monts Choor, régions tempérées.
3. — **Thalictrum Fendleri** Engelm. — Amérique septentrionale : versant occidental des montagnes Rocheuses, Californie.
4. — **Thalictrum platycàrpum** Hook et Thoms. — Asie : région tempérée de l'Himalaya, Thibet, Nubra, Hundes, Badrinath, Garwhal, Kumaon.
5. — **Thalictrum sparsiflorum** Turcz. — Asie : Dahurie, Sibérie orientale jusque vers le fleuve Amour. Amérique septentrionale : Colorado, Montagnes Rocheuses.
6. — **Thalictrum cultratum** Wall. — Asie : région tempérée de l'Himalaya, Thibet.

7. — **Thalictrum Chelidonii** DC. — Asie : région tempérée de l'Himalaya.

8. - **Thalictrum podocarpum** H. B. K. — Bois de l'amérique méridionale : Vénézuela, Nouvelle Grenade, Quindiu, province de Maraquita.

9. — **Thalictrum rutidocarpum** D C. — Amérique méridionale : région tempérée des Cordillières de l'Equateur.

10. — **Thalictrum longistylum** D C. — Syn. *T. lasiostylum* Presl.— Amérique méridionale : Cordillières du Pérou, Mont Sorata; Rio-Primero République-Argentine.

11. — **Thalictrum pubigerum** Benth. — Amérique septentrionale : bords des eaux près de Lagos, Mexique.

12. — **Thalictrum Hernandezii** Tauschs. — Amérique septentrionale : région tempérée du Mexique, près de Toluca.

13. — **Thalictrum Mexicanum** D C. — Syn. *T. macrostygma* Willd. — Mexique.

14. — **Thalictrum macrocarpum** Gren. — Europe : Pyrénées centrales et Basses-Pyrénées, des Eaux Bonnes à Argeléz.

15. — **Thalictrum micropodum** Kar. et Kir. — Asie : partie rocailleuse des monts Tarbagataï.

16. — **Thalictrum lacerostipellatum** Koch et Bouch. — Cultivé au jardin botanique de Berlin et provenant de Sibérie?

17. — **Thalictrum leucostemon** Koch et Bouch. — Cultivé au jardin botanique de Berlin et provenant de l'Amérique septentrionale?

18. — **Thalictrum pauciflorum** Royle. — Syn. T. *macrostygma* Edgew T. *secundum* Edgew. — Asie : roches humides des régions tempérées de l'Himalaya, depuis Cashmir jusqu'à Kumaon.

19. — **Thalictrum Cornuti** l. — Syn. *T. rugosum* Ait., *T. discolor* Willd, *T. corynellum* DC., *T. revolutum* DC., *T. pubescens* Purhs., *T. polygamum* Mühlb., *T. confertum* Mœnch., *T. crenatum* Desf. — Amérique septentrionale : lieux couverts, rives des cours d'eau et prairies humides ; se rencontre dans toute la largeur du continent jusqu'au 56° de latitude mais fait défaut dans les terrains nus et les régions alpines.

20. — **Thalictrum Wrightii** Gray. — Amérique septentrionale, ravins des montagnes du Mexique, province de Santa Crux, Mexico, Sonora.

21. — **Thalictrum filamentosum** Maxim. — Asie : Mandchourie, rives de l'Amour et de l'Ussuri.

22. **Thalictrum baicalense** Turcz. — Asie : bois et lieux couverts de la Mandchourie et des contrées voisines du lac de Baïcal.

23. - **Thalictrum clavatum** D. C. — Amérique septentrionale : collines sablonneuses de la Caroline et de l'Alabama.

24. — **Thalictrum rhynchocharpum** Dill. et Rich. — Syn. *T. chymocarpum* Dill., *T. longepedunculatum* Hochst. et Steud. — Afrique : mon-

tagnes de la Guinée supérieure, vers le Haut Nil; de l'Abyssinie, province de Tigré.

25. — **Thalictrum pedunculatum** Edgew. — Asie : régions tempérées de l'Himalaya; montagnes du Kafferistan et de l'Afghanistan.

26. — **Thalictrum rostellatum** Hook. f. et Thoms. — Asie : Himalaya tempérée vers Simla et Sikkin.

27. — **Thalictrum calabricum** Spreng. — Syn. *T. purpureum* Ten., *T. calabrum* Ten. — Europe : bois montagneux de la Calabre et de la Sicile.

28. — **Thalictrum rutæfolium** Hook. f. Thoms. — Asie : région tempérée de l'Himalaya vers le Sikkin, Thibet, Nubra.

29. — **Thalictrum alpinum** L. — Syn. *T. marginatum* Royle, *T. microphyllum* Royle, *T. acaule* Cambers. — Lieux humides et fangeux des régions alpines Europe . Laponie, Suède, Norwège, Irlande, Iles Britanniques, Pyrénées, Alpes. — Asie : Sibérie arctique, Mont Saratau, Soongarie, Dahurie, Kamtchatka, Caucase, Thibet, Himalaya, Amériseptentrionale : Groënland, golfe St.-Laurent, Canada, Montagnes Rocheuses.

30. — **Thalictrum actæfolium** Sieb. et Zuccar, — Asie : Japon, près de Nangasaki.

31. — **Thalictrum foliosum** DC. — Asie : Himalaya tempéré du Népaul.

32. — **Thalictrum dioicum** L. — Syn. *T. lævigatum* Michx., *T. rugosum* Pursh., *T. purpurascens* L., *T. carolinianum* Bosc. in D C. — Amérique septentrionale : lieux herbeux sur les rives du cours d'eau, principalement vers le fleuve Mackensie jusqu'au 76° de latitude; devient plus rare vers les moutagnes Rocheuses, le Columbia, et manque dans régions alpines.

33. — **Thalictrum rotundifolium** DC. — Asie : Régions tempérées de l'Himalaya, Népaul.

34. — **Thalictrum saniculæforme** DC. — Syn. *T. radiatum* Royle. — Asie : sur les troncs d'arbre et les rochers humides dans l'Himalaya tempéré, depuis le Simla jusqu'au Sikkin.

35. — **Thalictrum javanicum** Blum. — Syn. *T. glyphocarpum* Wight et Arn. — Asie : régions tempérées de l'Himalaya, Nœlgherries, Ceylan, Java.

36. — **Thalictrum punduanum** Wall. — Asie : Himalaya tempéré sur le Kumaon, monts Kassia.

37. **Thalictrum Dalzelii** Hook. — Asie : péninsule occidentale de l'Inde, collines du Malabar.

38. — **Thalictrum petaloïdeum** L. — Syn, *T. stamineum* L. — Asie : lieux secs de la Sibérie méridionale et orientale, Dahurie, Mongolie, Chine boréale.

39. — **Thalictrum isopyroïdes** C. A. M. — Syn. *T. vaginatum* Royle. —

Asie : Rochers et partie montagneuses de la Sibérie méridionale : Soongarie, Asie Mineure. Mésopotamie, Perse orientale, Beluchistan, Afghanistan et Kashmir.

40. — **Thalictrum trigynum** Fisch. — Syn. *T. trispermum* Fisch, *T. oligospermum* Fisch. — Asie : lieux secs, Sibérie, Dahurie, Mongolie et le bassin de l'Amour.

41. — **Thalictrum squarrosum** Steph. — Sibérie.

42. — **Thalictrum fœtidum** L. — Syn. *T. styloideum* Lin. f. *T. acutilobum* DC., *T. saxatile* Will. — Dans les vallées et sur les rochers bien exposés. Europe : France méridionale, Suisse, Italie supérieure, Autriche, Hongrie, Russie médiane. Asie : Sibérie méridionale et orientale, Dahurie, Asie mineure, Perse boréale et Himalaya.

43. — **Thalictrum sibiricum** L. — Syn. *T. parvifolium* Mœnch. — Asie : Sibérie.

44. — **Thalictrum minus** L. — Collines nues ou boisées. Europe, dans tout le continent et la plupart des îles, devient rare vers la Baltique et semble faire défaut dans les régions boréales. Asie : croît de la Sibérie à l'Himalaya. Afrique : parties septentrionale, orientale et méridionale.

45. — **Thalictrum elatum** Jacq. — Collines, lieux pierreux. Europe : parties centrale et méridionale. Asie, Sibérie, Chine boréale, Asie Mineure, Afrique, Abyssinie.

46. — **Thalictrum kemense** Fries. — *T. leptophyllum* Nyland. *T. majus* Schlechtd, *T. flavum rotundifolium* Wahlb., *T. mucronatum* Reg. et Til. — Europe : Laponie, Asie : Sibérie arctique jusqu'au fleuve Amour, Kamtchatka, îles Kuriles, Unalaschka, une des îles Aléoutiennes.

47. — **Thalictrum simplex** L. — Collines herbeuses. Europe : Norwège, Suède, Irlande, Russie, Danemarck, Allemagne, Suisse et partie orientale de la France. Asie : Sibérie, Dahurie et Soongarie.

48. — **Thalictrum angustifolium** L. — Europe : Suède, îles de la Baltique, Allemagne, Autriche, Suisse, France orientale, Italie supérieure. Grèce, bassin du Danube, Russie médiane et méridionale. Asie Mineure.

49. — **Thalictrum flavum** L. — Syn. *T. pratense* L. — Prairies humides, bord des eaux. Europe : répandu dans tout le continent et dans les îles adjacentes; devient rare vers la Suède, la Finlande et la Laponie. Asie : signalé depuis la Sibérie jusqu'au Kamtchatka, mais peut être par erreur. Amérique septentrionale.

50. — **Thalictrum cinereum** Desf. — Cultivé au Muséum de Paris sans indication d'origine.

51. — **Thalictrum densiflorum** H. B. K. — Amérique septentrionale, Mexique.

52. — **Thalictrum glaucum** Desf. — Syn. *T. flavum speciosum* L., *T. flavum hispanicum* Brot. *T. speciosum* Poir. — Régions montagneuses. Europe: France méridionale, péninsule hispanique, Suisse, Italie, Afrique : partie septentrionale.

53. — **Thalictrum fœniculaceum** Bunge. — Asie : Chine boréale.

54. — **Thalictrum tuberosum** L. — Syn. *Syndesmon tuberosum* Hoffms. Lieux stériles, collines pierreuses. Europe : Pyrénées orientales, France : Espagne septentrionale.

55. — **Thalictrum orientale** Boiss. — Syn. *Isopyrum aquilegioides* Bory et Chaub. — Régions montagneuses, fissures des rochers ombragés. Europe : Grèce méridionale, Laconie et Messénie. Asie : Taurus Liban, Bulghar-Dagh.

56. — **Thalictrum anemonoïdes** Michx. — Syn. *Syndesmon thalictroïdes* Hoffms. — Champ et bois, Amérique septentrionale : de la Caroline au Canada, devient rare vers le Nord.

57. — **Thalictrum debile** Buckl. — Amérique septentrionale : Texas, Alabama.

C. — *Propriétés des Thalictrum, leur emploi en médecine.*

De tout temps, on a accordé aux thalictrum des propriétés amères et purgatives ; plusieurs d'entre eux ont été chimériquement vantés comme très favorables dans un grand nombre de maladies. C'est ainsi que Lemery, dans son dictionnaire des Drogues simples publié en MDCCLIX, dit en parlant du *Thalictrum majus* Park., que cette plante contient beaucoup de sel essentiel et d'huile, qu'elle est apéritive, vulnéraire, propre pour résister au venin, pour atténuer la pierre du rein, pour déterger et modifier les ulcères.

Le *Thalictrum flavum* L., *Pigamon*, *rhubarbe des pauvres*, *fausse rhubarbe*, *rhue des prés*, est celui des thalictrum auquel on a accordé le plus de propriétés. Cette plante, qui croît dans les prés, les fossés, les terrains marécageux, a joui longtemps de quelque réputation dans les officines, sans partager pourtant l'énergie suspecte de beaucoup de Renonculacées. Ses racines jaunâtres, d'une saveur douce, mêlée de quelque amertume, ont quelque analogie avec les racines de la rhubarbe, purgatives en quantité triple de celles-ci, ce qui a contribué à faire donner au thalictrum flavum les diverses dénominations ci-dessus. Les parties souterraines de la *fausse-rhubarbe* seraient aussi apéritives et diurétiques, très efficaces dans l'ictère, sans doute par l'anologie de la couleur avec celle de la peau dans cette maladie, et très salutaires dans les fièvres intermittentes.

Mentionnons encore que d'après Martius *Bull. des Soc. médicales*, t. XIII, p. 256, cette plante est usitée en Russie contre la rage. Le nom de *Thalictron* qu'on retrouve dans Pline lib. XXVII C. 13, doit se rapporter au thalictrum flavum. Dodoens écrivait vers le milieu du seizième siècle que les feuilles de cette espèce mêlées aux herbes potagères, relâchaient les intestins, et que le suc de ses racines produisait cet effet beaucoup plus énergiquement. Aujourd'hui de pareilles vertus sont contestées au thalictrum flavum, et il est laissé à peu près dans l'oubli. L'industrie elle-même l'a abandonné ; à un certain moment on avait cherché à tirer parti du pouvoir colorant jaune de ses racines pour teindre les laines. De nos jours, on ne prend d'autre soin du thalictrum flavum, que celui de l'arracher des prés où il pousse parfois en très grande abondance, en altérant ainsi la qualité des fourrages.

D'après M. deLanessan, la *colombine plumacée* ou *colombine à plumeau, Pigamon à feuilles d'Ancolie, Thalictrum aquilegifolium* L., cultivé dans les jardins avec le *Thalictrum glaucum* Desf. comme plante d'ornement, jouirait des mêmes propriétés que le pigamon fausse rhubarbe. Il en serait de même du *Thalictrum angustifolium* L. et du *Thalictrum fœtidum* L. (1).

Le *Thalictrum Cornuti* L., si commun dans l'Amérique septentrionale, est usité au Canada comme topique. On l'emploie pilé en cataplasmes sur les plaies, les contusions, et en décoction pour favoriser la suppuration des abcès.

Le *Thalictrum foliosum* DC., grande espèce qui abonde dans l'Himalaya tempéré, ainsi que dans les monts Khassia et à Mussooree, fournit une racine jaune qui est exportée de Kumaon sous le nom de *momiri*. Cette racine est très fréquemment substituée à celle du *Coptis Teeta* Wallich., provenant du royaume d'Assam, et regardée dans l'Inde comme un remède merveilleux dans les maladies des yeux.

Ajoutons pour terminer cette énumération des thalictrum qui ont été employés en médecine, que dans la Chine le *Thalictrum sinense* Loureiro, possède aussi des racines très laxatives qu'on emploie dans ce pays contre la toux, l'asthme pituiteux, les douleurs de gosier, etc. (2).

D'après M. Flückiger, la substance colorante jaune de la plupart des thalictrum serait de la *Berbérine*, qu'on retrouve dans d'autres Renonculacées, le *Coptis Teeta* Wallich. par exemple. (3).

§ 2. — Thalictrum macrocarpum

En 1838, Ch. Grenier, alors professeur provisoire d'histoire naturelle à l'Ecole de médecine de Besançon, fit con-

(1) De Lanessan. *Manuel d'histoire naturelle médicale*, t. I, p. 467.

(2) Loureiro. *Flora Cochinchinensis*, 1790, p. 346.

(3) Flückiger et Hanbury. *Histoire des drogues d'origine végétale*, t. I, p. 9.

naître pour la première fois une espèce de thalictrum qui lui parut distincte des thalictrum décrits jusqu'à ce jour, et la nomma *Thalictrum macrocarpum*. Dans les pages suivantes, nous exposerons tout ce qui a trait à cette plante intéressante : son historique, sa description, et sa géographie botanique.

A. — *Historique du Thalictrum macrocarpum.*

Bergeret, dans sa flore des Basses-Pyrénées, publiée en deux volumes l'an XI de la République, ne laisse pas soupçonner qu'il ait eu connaissance du thalictrum macrocarpum. Cette plante échappa pareillement aux investigations de Picot de Lapérouse dans les Pyrénées, rien dans ses beaux travaux sur la flore de ces monts, ne fait non plus pressentir qu'il ait entrevu cette espèce.

Le célèbre *pasteur-naturaliste* de la vallée d'Ossau, Gaston Sacaze, fut le premier qui attira l'attention des botanistes sur le pigamon à gros fruits. Il nous a souvent répété que cette plante existait dans son herbier depuis de nombreuses années, quand Grenier, alors en quête de matériaux pour son importante collaboration à la flore de France, vint visiter ses collections. Gaston lui soumit la plante en question, qui nous paraît aujourd'hui une des espèces les mieux tranchées des thalictrum connus, malgré les protestations de Sacaze, Grenier en fit une forme du *Thalictrum majus* Jacq.

Quoi qu'il en soit, voici ce qu'on peut lire textuellement sur l'étiquette accompagnant l'échantillon du thalictrum macrocarpum, dans l'herbier Gaston Sacaze donné par lui au musée des Eaux-Bonnes.

Thalictrum macrocarpum : plante découverte en 1835 *par G. et nommée par M. Ch. Grenier de Besançon :*
en Juillet *croît à Ger, Col de Tortes.*

Dans le volume intitulé : *Plantes rares des Pyrénées, peintes par Gaston Sacaze*, donné par son auteur au même musée, on trouve le thalictrum macrocarpum figuré, portant cette simple note :

Thalictrum macrocarpum, Grenier, 1837.

Au mois de juillet 1836, Grenier priait Gaston Sacaze, de lui servir de guide dans le massif du col de Tortes, où poussait le thalictrum déjà observé dans son herbier, et cette même année, Grenier publiait dans les *Actes de la Société linéenne de Bordeaux*, tome IX, pag. 2, une note ayant pour titre : *Souvenirs botaniques des environs des Eaux-Bonnes*, dans laquelle il mentionnait le thalictrum trouvé au Mont-Laid et au col de Tortes, sous le nom de *Thalictrum majus* Jacq. DC.

En 1838, Grenier ouvrait enfin les yeux. Dans un mémoire publié dans les *Annales de l'Académie de Besançon*, tome V, pag. 119 et ext. pag. 3 tab. I, il décrivit en la figurant, la plante dont nous venons de retracer l'historique, et il lui donna le nom de *Thalictrum macrocarpum*. Voici d'ailleurs dans quels termes il reconnut son erreur première : « J'avais publié cette plante sous le nom de *Thalictrum majus*, Jacq., dans les annales de la Société Linéenne de Bordeaux, mais l'ayant communiquée à M. Gay, il la signala comme parfaitement distincte par la grandeur de ses fruits, non seulement du *Thalictrum majus*, qui n'est probablement qu'une variété du *Thalictrum minus* L., mais encore, de toutes les espèces de la section *Euthalictrum* DC. Prodr. C'est d'après ses conseils que j'ai nommé cette plante *Thalictrum macrocarpum.* »

B. — *Description du Thalictrum macrocarpum.*

a. *Fleurs.* — Le thalictrum macrocarpum est une des espèces à grandes fleurs, celles-ci de couleur jaunâtre, comprennent un *calice* formé par cinq sépales, quelquefois mais très rarement quatre, ayant environ cinq millimètres de long. Ces sépales sont ovales, aigus, ils sont caducs, de couleur jaunâtre, et marqués de trois nervures rosées non anastomosées.

On compte, trente à cinquante *étamines*, linéaires, de dix à douze millimètres de long, portant une anthère à deux loges longues de cinq millimètres, renfermant un pollen formé de masses sphériques jaunes, munies de plusieurs pores. Le filet de ces étamines long et grêle, après avoir formé le connectif, se prolonge un peu au dessus de l'anthère en une pointe aiguë.

Au centre de la fleur on trouve un *gynécée* formé de deux à cinq carpelles libres et verticillés. Chaque carpelle est formé d'un ovaire ventru uniloculaire renfermant un seul ovule. Cet ovaire est surmonté d'un style portant un *stigmate* dont le développement est considérable, et caractérise le thalictrum macrocarpum. La partie stigmatifère a une longueur de près d'un centimètre et demi, sur deux à trois millimètres de large, elle est aplatie et munie sur ses deux bords d'un liséré membraneux étroit de couleur claire. Les papilles stigmatiques sont au contraire franchement violettes. Le style très court et arrondi mesure trois ou quatre millimètres de long et fournira plus tard le bec de l'achaine. Ajoutons que le style et le stigmate se recourbent habituellement en une sorte de faucille. (Pl. fig. III).

b. *Achaines* (1). — Les achaines du thalictrum macrocarpum sont presque aussi grands que ceux du *Thalictrum aquilegifolium* L., mais ils ne sont pas à trois angles, ni ailés. Ces achaines sont au nombre de deux à cinq par fleur, comprimés, lancéolés, larges de quatre à six millimètres et pouvant atteindre jusqu'à un centimètre et demi de longueur, leur bord supérieur est gibbeux, leur bord inférieur droit. Ils présentent deux faces relevées de fortes nervures longitudinales très saillantes, anastomosées entre elles, dont une ou deux sur chaque face parcourent l'achaine dans toute sa longueur. (Pl. fig IV).

Les lois qui règlent l'anastomose de ces nervures ne sont pas plus connues pour le Thalictrum macrocarpum que pour les autres Physocarpum; ce que l'on peut dire, c'est que cette nervation sinueuse anastomosée de l'achaine caractérise non moins bien le thalictrum macrocarpum que le développement considérable de son stigmate. Cette espèce au point de vue de la force de la nervation, tient le milieu entre les Physocarpum asiatiques et les espèces du groupe du Thalictrum podocarpum.

Le péricarpe de ces achaines est assez épais, on peut y

(1) Nous avons pu observer que les fruits du Thalictrum macrocarpum étaient fréquemment rongés ainsi que les feuilles par l'*Æcidium ranunculacearum* var. *Thalictri* West. *Cryptogames* p. 97. Cette urédinée qui porte ainsi un obstacle sérieux à la propagation du pigamon à gros fruits, a été publiée dans les *Champignons figurés et desséchés* par E. Doassans et N. Patouillard. — N° 3.

signaler nettement l'épicarpe, le mésocarpe et l'endocarpe ; la graine ne remplit pas entièrement la cavité du fruit.

c. *Inflorescence, Tige florifère.* — Les fleurs du thalictrum macrocarpum sont disposées en inflorescence définie paniculiforme, assez appauvrie. (Pl. fig. I et II).

La *tige florifère* pleine, glabre, un peu glauque, née à l'aisselle d'une feuille unique au sommet de la souche, atteint de vingt à cinquante centimètres de hauteur, et se présente de la manière suivante. Complètement dénudée sur dix ou quinze centimètres au-dessus de son implantation, elle donne à cette hauteur *deux premiers axes secondaires* à peu près constamment opposés, insérés de chaque côté de l'axe principal, à l'aisselle d'une bractée moins divisée que les véritables feuiles radicales, pourtant deux fois trichotome à folioles ovales, formées de trois lobes entiers ou bi-trilobés arrondis.

Ces deux axes secondaires se terminent par une fleur, et portent *deux axes tertiaires,* quelquefois un seul, qui sont dans le premier cas soit alternes, soit opposés, naissent chacun à l'aisselle d'une bractée composée de trois folioles trilobées et se terminent également par une fleur.

D'autres axes secondaires sont situés au-dessus de ces deux premiers à l'aisselle de bractées de moins en moins sectionnées. Ils se montrent aussi souvent alternes qu'opposés, séparés par des entre-nœuds de longueur variable et portent, avant de se terminer par une fleur, des bractées d'autant moins divisées et des axes tertiaires d'autant moins fréquents, qu'ils s'insèrent plus haut sur la tige terminée elle-même par une fleur.

Tous ces axes secondaires sont divariqués, partent presque à angle droit de la tige, et les supérieurs nés à l'aisselle de bractées constituées par une seule foliole entière et arrondie, sont à peu près égaux aux inférieurs.

d. *Feuilles.* — Les feuilles du thalictrum macrocarpum sont peu abondantes. A l'extrémité de chacune des divisions de la souche à la base de la tige florifère, se développe habituellement une feuille pétiolée, quatre à cinq fois trichotome, ne possédant pas comme les feuilles du *Thalictrum aquilegifolium* L., des stipelles à l'origine des divisions du limbe.

Les *folioles* de cette feuille sont ovales, à trois lobes entiers ou bi-trilobés, arrondis, mucronés; elles sont glabres, de couleur vert foncé en dessus, et légèrement glauques en dessous. (Pl. fig. II).

e. *Souche, Racine.* — 1. *Description.* — Une souche déterminée, vivace, pourvue d'une racine pivotante ramifiée, d'un développement tel, que le thalictrum macrocarpum aurait pu être nommé à bon droit *thalictrum macrorrhizon* peut servir, non moins que ses stigmates et ses fruits, à caractériser nettement cette espèce.

Cette souche se compose d'une seule ou de plusieurs divisions, terminées à leur partie supérieure par un renflement tubéreux en massue. A l'extrémité supérieure de ce renflement, on remarque un *bourgeon* plongé au milieu d'une grande quantité de bractées linéaires de couleur brune ou noirâtre, très denses, raides et appliquées. (Pl. fig. V, *a*, *b*, *c*, *d*.)

Ces bractées constituent des organes protecteurs pour le bourgeon, et ne sauraient être comparées, ainsi que l'a fait Grenier dans la description de cette plante, aux débris des anciennes feuilles entourant l'extrémité supérieure de la souche du *Scorzonera austriaca* Willd. Elles apparaissent de bonne heure et s'échelonnent sur le renflement de la souche au fur et à mesure de son accroissement, ces bractées recouvrent ainsi trois ou quatre centimètres en empiétant un peu sur la portion non renflée du rhizôme.

Elles sont d'autant plus larges qu'elles sont plus rapprochées du bourgeon ; il est à remarquer que les plus inférieures sont réduites à des vestiges sur lesquels on distingue encore à l'examen microscopique quelques trachées.

Lorsque le bourgeon se développe, il donne dans la majorité des cas une seule feuille, ou bien une feuille et une tige florifère. Au point d'émergence de ces organes, au niveau de la partie supérieure renflée de la souche, on observe plusieurs autres bractées, différant des bractées capillaires déjà décrites par leurs dimensions beaucoup plus considérables, pouvant atteindre un centimètre de large sur deux ou trois de longueur. Ces grandes bractées représentent les écailles directement appliquées avant la période de végétation sur le bourgeon terminal. Quand ce dernier se développe, ces écailles s'accroissent aussi et prennent un aspect franchement foliacé, en restant entières avec une forme un peu lancéolée. Une fois la période de végétation finie, ces grandes bractées se dissocient dans leur longueur et forment des débris linéaires se confondant avec les bractées capillaires qui les entourent. Toutes ces bractées finissent enfin par disparaître à la longue, le renflement dénudé se présente alors avec des stries circulaires très marquées et très rapprochées, indiquant que leur insertion avait lieu en cercles réguliers.

Quand la souche est à divisions, celles-ci viennent se réunir au corps central de la souche, en descendant plus ou moins profondément dans le sol. La souche de dimensions variables, rugueuse et de couleur brune extérieurement, jaune clair à l'intérieur, se confond sans ligne de démarcation apparente avec la racine possédant les mêmes colorations.

Celle-ci diminue insensiblement de volume, parcourt dix à douze centimètres en moyenne avant de se subdiviser en trois ou quatre ramifications qui s'enfoncent profondément dans les rochers, en donnant naissance à des *radicelles* peu nombreuses (1).

2. *Structure.* — La souche et la racine du thalictrum macrocarpum possèdent une structure anatomique à peu près

(1) Dans la délicieuse gorge d'Asperta, près des Eaux-Bonnes, on trouve bon nombre de pieds de Thalictrum macrocarpum, venus de graines tombées des hauteurs avoisinantes, ayant germé au milieu de ces amoncellements de pierres qu'on appelle *raillères* dans les Pyrénées. Là le pigamon à gros fruit s'hypertrophie dans ses racines d'une façon prodigieuse, mais ne fructifie que rarement.

Nous avions failli renoncer à posséder jamais suffisamment de racines de Thalictrum macrocarpum, attendu que dans les fentes de rochers, station naturelle de cette plante, on a une très grande peine à extraire seulement quelques fragments de la souche. Dans ces raillères, au contraire, on parvient avec facilité à enlever des racines entières, c'est là que nous avons récolté la plus grande partie de celles employées dans ce travail, il faut espérer que nous n'aurons pas nui, ainsi, à la multiplication de cette espèce rare, car nous avons fait observer que le Thalictrum macrocarpum ne fructifie pas dans les raillères d'Asperta, les individus poussant contre la paroi à pic de cette gorge, se développent seuls régulièrement.

Certains autres Thalictrum peuvent s'hypertrophier de même dans des conditions analogues. Le *Thalictrum fœtidum* L. et le *Thalictrum odoratum* Gren. et Godr., prennent d'après M.B. Verlot, un développement considérable dans leurs parties souterraines, quand ils poussent au milieu des moraines des glaciers des Alpes, mais je ne pense pas que cette hypertrophie soit aussi marquée que dans le Thalictrum macrocarpum. Nous possédons une souche de ce Thalictrum, comptant 15 divisions tubériformes, elle mesure 5 centimètres de diamètre dans sa plus grande épaisseur, et sa racine présentait un développement de plus de 2 mètres de long.

semblable, disons cependant qu'on arrive sans difficulté à trouver sur la racine les faisceaux primaires servant à différencier ces deux organes. Nous ferons observer que le tissu cellulaire fortement coloré en jaune est très abondant dans la souche, surtout dans sa partie renflée, où il se montre en même temps extrêmement lacuneux, formant des cavités plus ou moins grandes, assez régulières, très analogues comme disposition aux lacunes qu'on peut observer dans la moelle de l'extrémité des rameaux du *Juglans regia* ; dans la racine, au contraire, le tissu cellulaire est en petite quantité et très dense.

Ces remarques faites, on peut dire que les parties souterraines du thalictrum macrocarpum sont constituées par une *moelle* plus ou moins volumineuse, très développée dans la portion tubériforme de la souche, colorée en jaune-paille surtout à sa périphérie. Cette moelle est lacuneuse, formée de cellules hexagonales ou rondes rappelant celles de la moelle de sureau ; à sa partie périphérique les cellules sont plus petites.

Autour de cette moelle sont disposés des *faisceaux vasculaires* isolés, formant la région ligneuse. Le *bois* est composé de deux sortes d'éléments, les éléments ligneux proprement dits, et les rayons médullaires. Les rayons médullaires semblent la continuation de la moelle dans laquelle se trouvent logés les faisceaux cunéiformes, arrondis et très rapprochés.

Les *vaisseaux* sont disposés en files parfois régulières, parfois au contraire interrompues ; ils forment un groupe simple ou sont disposés en forme de V.

Les *faisceaux du bois* sont cunéiformes, composés de vaisseaux à paroi épaisse, teinte en jaune et d'éléments restés minces, qui représentent les fibres et les cellules ligneuses.

Quand la plante se dessèche, ces faisceaux se contractent et déchirent le tissu qui les environne.

L'*écorce* séparée du bois par un cambium souvent peu distinct se compose de deux groupes d'éléments : l'un correspond aux faisceaux ligneux et leur est exactement superposé, l'autre aux rayons médullaires dont il est la continuation directe. L'ensemble des faisceaux vasculaires libériens constitue des îlots régulièrement elliptiques séparés par des rayons médullaires. Ces groupes elliptiques sont çà et là traversés dans leur milieu par des rayons médullaires secondaires.

La partie libérienne des faisceaux est constituée par des cellules et par des tubes cribreux parfois libres et parfois réunis et comprimés, pour ainsi dire méconnaissables et constituant ce qu'on a appelé le parenchyme corné. Ajoutons que ces faisceaux ont une grande analogie avec ceux des Clematis, ce qui justifie encore une fois le rapprochement fait par M. le professeur Baillon en plaçant les thalictrum dans la tribu des Clematideæ. Ces vaisseaux souvent imparfaits, sont courts, tronqués, parfois sinueux ou courbés et n'acquièrent pas de dimensions considérables, ils sont rayés ou réticulés.

L'étude qu'on vient de donner sur la structure des organes souterrains du thalictrum macrocarpum, a été faite sur des parties sèches, ou des fragments mis à ramollir dans l'eau. Il était intéressant de connaître le siège précis de la matière colorante jaune, et d'employer pour arriver à ce but un liquide ne dissolvant pas ce principe colorant. On est dans ces conditions quand on observe des coupes faites sur des racines sèches, en employant l'éther comme véhicule, pour les faire ramollir un peu et les étaler ensuite sur la lame de verre placée sous l'objectif du microscope.

On voit alors facilement que tous les éléments, aussi bien ceux qui entourent les vaisseaux, que ceux de la moelle sont remplis du principe jaune qui paraît moins abondant dans la partie libérienne, et principalement concentré dans la moelle qui a pris une consistance comme cornée. Les parois des vaisseaux sont colorées en jaune par la substance signalée, et leur cavité paraît vide. Quand on opère avec un liquide qui dissout la matière jaune, la disposition relative est changée et le principe jaune peut se porter ailleurs.

Une coupe traitée par la solution iodée, placée ensuite dans la glycérine et chauffée jusqu'à l'ébullition se colore en brun. La matière jaune en prenant cette coloration paraît se rassembler au centre de la cellule, en même temps que de nombreux grumeaux se forment dans le liquide baignant la préparation.

Dans une coupe lavée à l'éther et d'apparence décolorée, tous les éléments prennent une teinte bleue par le chloroiodure de zinc, les vaisseaux restent colorés en jaune.

On pourrait encore décrire des réactions intéressantes faites avec les réactifs généraux sur des coupes de racines, mais ces réactions dues le plus souvent au principe jaune, seront plus à leur place dans la deuxième partie de ce travail réservée à l'étude chimique des principes renfermés dans les racines du thalictrum macrocarpum (1).

f. *Floraison.* — Nous terminerons donc la description du *Thalictrum macrocarpum* Gren. en indiquant que sa *floraison* s'effectue dans le mois de juin et de juillet. Cette plante affectionnant les fentes des ravins où s'entassent au printemps les avalanches, il arrive souvent qu'en ces endroits on

(1) Doassans. Bull. Soc. bot. de France, t. XXVII, séance du 25 juin 1880.

la trouve à toutes ses périodes de végétation. Au bas de l'avalanche de Louctores, nous avons pu observer à la fin du mois de septembre, des thalictrum macrocarpum à peine fleuris, tandis que ceux situés cent mètres plus haut avaient depuis longtemps laissé tomber leurs fruits arrivés à complète maturité.

C. — *Géographie botanique du Thalictrum macrocarpum.*

Le Thalictrum macrocarpum est une des plantes rares de la flore française ; sa distribution géographique est très limitée, et l'on peut dire tout de suite que cette belle espèce appartient en propre à la Vallée d'Ossau dans les Basses-Pyrénées, car c'est la seule région où elle se trouve un peu disséminée. Ce n'est qu'exceptionnellement qu'on en retrouve quelques pieds dans les vallées contiguës, la vallée d'Aspe en Béarn, et la vallée d'Azun dans les Hautes-Pyrénées. Philippe de Bagnères de Bigorre mentionne avoir trouvé le thalictrum macrocarpum à Esquierry dans la Haute-Garonne ; nous ignorons si d'autres botanistes ont eu la même chance après lui. Dans tous les cas, ce pigamon reste une plante essentiellement pyrénéenne, car les voyageurs botanistes ne l'ont signalée jusqu'à ce jour nulle autre part au monde.

Notre exposé géographique se bornera donc forcément à préciser les localités pyrénéennes où cette plante a été rencontrée et celles où nous avons pu l'observer nous-même.

On a vu, dans l'historique du thalictrum macrocarpum, qu'en 1837 Grenier avait recueilli cette plante sous le nom de thalictrum majus, au Mont Laid, au col d'Arbase et au col de Tortes, localités très voisines les unes des autres, sur la limite des Hautes et des Basses-Pyrénées. Le même auteur dans son mémoire des Annales de l'académie de Besançon disait en 1838 : « Cette plante était en fruit le 15 juillet 1836, dans les rochers qui bordent la droite du col d'Arbase ; je l'ai retrouvée le long du ruisseau qui descend de ce col sur le versant opposé aux Eaux-Bonnes, en longeant le chemin d'Arrens et d'Argelès. »

Dans la Flore de France de Grenier et Godron, on trouve comme renseignements géographiques : « *Thalictrum macrocarpum* hab. des Eaux Bonnes à Argelès : » Il ne faudrait pas prendre cette indication à la lettre. Autrefois pour aller d'une ville à l'autre, on prenait le sentier qui passe au col de Tortes, où se trouve un gisement abondant de cette plante, mais elle devient promptement très rare quand on commence la descente sur Arrens, après avoir dépassé le col, limite entre les Hautes et les Basses-Pyrénées. Aujourd'hui la nouvelle route thermale a remplacé l'ancien sentier, et les botanistes useraient vainement leurs yeux à chercher le thalictrum macrocarpum en suivant la route des Eaux-Bonnes jusqu'à Argelès.

En 1860 M. Puel donnait dans le Bulletin de la Société Botanique de France t. VII. p.273 : *Un spécimen d'un catalogue des plantes vasculaires de France*. Le septième paragraphe réservé au thalictrum macrocarpum est ainsi conçu :

« **Thalictrum macrocarpum** Grenier ! (h. Mus., h. *Puel* etc). *Obs. bot.* in *Mém. Ac. sc. Bes.* t. 5. p. 119 et extr. p. 3, tab. 1. (1838). *Thalictrum majus* Benth. (h. Mus. p.) ; Grenier ! (teste auct. loc. cit.) *Souv. bot. des Eaux Bonnes* in *Ann. Soc. Linn. Bord.* t. 7.p. 24. (1837), non Jacquin — *Exsicc.* Bourgeau, n. 453 !

Fl. — Juin-Juillet. *Fr.* août-septembre.

Stat. — Rochers, le long des ruisseaux.

Géol. — Terr. calcaire (.....)

Alt. — Région sous-alpine : limite inférieure, limite supérieure.

Géogr. — FL. DES PYRÉNÉES. B. PYR : Montagnes de la vallée d'Aspe (*Darracq*) : Eaux-Bonnes ! (*Till. de Clermont* in h. *Puel*; au col d'Arbas et le long du ruisseau qui descend de ce col sur le versant opposé, en longeant lé chemin d'Arrens et d'Argelès ! (*Gren.* loc. cit.) ; sur la montagne de Gourzy ! (*Cosson* herb. et in *Bourgeau* Exsicc. n. 452, *Em. Desvaux* in h. *Soubeiran*) ; col de Tortes (*Bentham* in h. Mus. p. Philippe in h. *Puel*). H. GAR : Esquierry (*Philippe*). »

Dans la Flore du département des Hautes-Pyrénées par l'abbé J. Dulac p. 212, on trouve le thalictrum macrocarpum signalé toujours dans cette région voisine du col de Tortes par la note suivante :

« *Thalictrum macrocarpum* Gren. Montagnes Pic de Bazès Desv. R. »

Philippe dans sa Flore des Pyrénées t. 1 p. 3 donne comme indication géographique :

« *Thalictrum macrocarpum* Gren. Hab. montagnes calcaires, Basses-Pyrénées jusqu'au col de Tortes ; Esquierry. »

L'herbier du Muséum de Paris possède plusieurs échantillons de cette plante ; voici les indications que portent les étiquettes qui les accompagnent :

F. SCHULTZ ET F. WINTER. HERBARIUM NORMALE
PHANEROGAMIA. CENT. 1.
1, Thalictrum macrocarpum, Gren. *Mém. acad. Bes.*, 1838. tab. 1, G. G. 1, p. 5.
fl., 8 juillet; *fr.*, 7 mai 1869.
Fentes des rochers calcaires à 1,800 mètres dans les montagnes du col de Tortes près les Eaux-Bonnes (Basses-Pyrénées).
Collect. Bordère.

E. BOURGEAU, N° 452

Thalictrum macrocarpum, Gren (Coss.). Montagne du Gourzi aux Eaux-Bonnes (Basses-Pyrénées). 7 septembre 1847.
Collect. E. Cosson.

Thalictrum macrocarpum, Gren. Col de Tortes (Basses-Pyrénées).
M. Bentham, 1839.

HERBARIUM FRANCAVILLANUM

Thalictrum macrocarpum Gren.
Col de Tortes.
Juillet 1848.

HERBIER GRENIER

Thalictrum macrocarpum.
Mont-Laid, près le col d'Arbas (Pyrénées-Occidentales).
15 juillet 1836. Grenier.

Thalictrum macrocarpum, Gren. *Fl.*, juin; *Fruit*, août; *h.*, Pic de Bazès dans la vallée d'Azun (Hautes-Pyrénées).
L. Deville, n° 1.

Thalictrum macrocarpum
Fl., 18 juillet 1862. Lit de la Sourde, près des Eaux-Bonnes; récolté par moi-même.
Fl., 12 juillet 1862. Col de Tortes, envions des Eaux-Bonnes (Basses-Pyrénées); récolté par l'abbé A. de la Bastiè.
E. Martin.

Jam, pseudonyme qui n'est un mystère pour personne aux Eaux-Bonnes, signale le thalictrum macrocarpum dans ses admirables guides, presque à chaque excursion. (1).

Pour notre part, nous possédons dans notre herbier cette plante récoltée dans de nombreuses localités de la vallée d'Ossau, Basses-Pyrénées.

Disons tout de suite que le thalictrum macrocarpum, est une espèce éminemment calcaire, manquant, complètement dans la partie granitique de cette région, du côté de Gabas (2).

Ce pigamon pousse dans les fentes des rochers exposés au nord et légèrement humides ; il affectionne surtout les fissures des ravins où glissent les avalanches. Nous ne l'avons jamais observé au-dessous de 800 mètres d'altitude, mais par exception, nous l'avons rencontré parfaitement développé à 2000 mètres.

Le thalictrum macrocarpum a été d'ailleurs récolté par nous aux localités suivantes. Entre 900 et 1200 mètres d'altitude dans le cirque de Montcouges et le cirque de Louctores, assez abondant le long du ravin où se précipite chaque année l'avalanche portant ce dernier nom. Dans tout le massif du Ger à des hauteurs variables, quelques pieds de cette plante existent sur le versant de cette montagne vers 2000

(1) Jam. *Guide des Eaux-Bonnes*, 1868.
Jam. *Guide de Pau aux Eaux-Bonnes*, 1869.
Jam. *Guide des Eaux-Bonnes et des Eaux-Chaudes*, 1873.

(2) Le **Dethawia tenuifolia** Endl. *Wallrothia splendens* Spreng., plante pyrénéenne presque aussi peu répandue que le Thalictrum macrocarpum, est dans le même cas; cette ombellifère croit dans des stations absolument identiques à celles du Thalictrum, et ces deux plantes présentent cela de curieux dans la vallée d'Ossau qu'elles ne vont jamais l'une sans l'autre ; dès qu'on trouve un pied de Thalictrum macrocarpum, on peut être sûr de rencontrer le Dethawia tenuifolia.

mètres. Dans le vallon de Leye, sur la gauche de la cascade de Larressecq. Sur les rochers encaissant le Valentin en aval de la cascade de Duzious. Au col de Tortes à 1850 mètres d'altitude, là où tant de botanistes ont été le chercher ; dans cette localité il pousse sur les rochers de la Latte de Bazen, au-dessus du névé entretenu par les neiges qui glissent au printemps des flancs inclinés de ce mont. Sur les revers abrupts du Pénamédan du Ger vers 1000 mètres d'altitude, en suivant le sentier qui va des pâturages de Bézou aux lacs des Englas. Dans la gorge d'Asperta et dans celle de Balour, à des hauteurs diverses, ainsi qu'au ravin du torrent de la Sourde vers 800 mètres d'altitude seulement : c'est à notre connaissance la station la plus basse de cette plante.

Le thalictrum macrocarpum était autrefois commun aux rochers du Gourziot, au-dessus de la forêt du Gourzy des Eaux-Bonnes, mais il est devenu très rare en cet endroit, depuis que M. Cosson l'y a plus que centurié en 1847 (1). A part cette dernière région où par extraordinaire il était accessible, le thalictrum macrocarpum est assez abondant dans les autres localités que nous venons de mentionner.

(1) Les Thalictrum macrocarpum que nous avons envoyés à la Société dauphinoise pour être publiés prochainement, ne proviennent pas d'une seule, mais bien de la plupart des localités que nous venons de signaler. Ils seront accompagnés des renseignements botaniques suivants :

Société dauphinoise, 1881.

N° — **Thalictrum macrocarpum** Gren. *Mém. acad. Bés.* 1838 tab. I. — G. G Fl. fr. I p. 5. — Doassans. *Etude sur le T. macrocarpum* avec pl. En fleur et en fruit, pendant les mois de juillet, août et septembre, dans les fissures des rochers calcaires, près des neiges fondantes, des avalanches entre 900 et 1800 mètres d'altitude.

Haute vallée d'Ossau (Basses-Pyrénées).

An. 1879. E. Doassans !

Cette superbe espèce bien que très limitée n'est donc pas près de disparaître, poussant dans les fentes des murailles verticales des rochers calcaires où il est presque impossible d'aller la chercher, elle défendra longtemps encore son existence contre l'ardeur trop souvent exagérée et imprévoyante de certains botanistes.

DEUXIÈME PARTIE

DEUXIÈME PARTIE

Recherches chimiques.

Ces recherches, disons le tout de suite, constituent un travail bien incomplet, mais renfermant néanmoins des faits nouveaux intéressants dont nous espérons reprendre l'étude plus tard.

Avant d'en commencer l'exposé, nous rappellerons les travaux chimiques entrepris jusqu'à ce jour sur le genre thalictrum. On verra ainsi, comment Lesson, le premier à notre connaissance, qui ait parlé d'un principe défini dans ce genre de Renonculacées, le signala d'après l'étude d'une plante appartenant à une famille différente; comment M. Flückiger de Strasbourg, d'après une seule réaction, a désigné d'une manière générale, le principe colorant jaune des thalictrum, sous le nom de Berbérine, et de quelle manière enfin, guidé par les expériences physiologiques, nous avons été amené à faire connaitre l'existence d'un principe jaune cristallisable non azoté, en même temps que la présence d'un alcaloïde toxique dans les racines du thalictrum macrocarpum.

§ I. — HISTORIQUE DES TRAVAUX CHIMIQUES ENTREPRIS SUR LE GENRE THALICTRUM.

En chimie, il a été fait fort peu de recherches sur les thalictrum, et personne que nous sachions ne s'était occcupé avant nous du thalictrum macrocarpum. Le grand développement des parties souterraines de cette magnifique espèce offre une avantage incontestable pour la recherche chimique du ou des principes actifs que la racine peut contenir, les autres thalictrum européens ne présentant qu'un rhizôme d'un volume peu considérable avec un chevelu de racines peu favorable à la recherche des principes définis de ces Renonculacées.

Lesson, ancien professeur de chimie à l'Ecole de médecine navale de Rochefort et pharmacien en chef de la marine, entreprit le premier, comme on l'a déjà dit, un pareil travail. En 1834, il fit paraître un *Manuel d'Histoire Naturelle médicale et de Pharmacographie*. Dans la deuxième partie de cet ouvrage, p. 394, à l'article Thalictrum, il parle du Pigamon de la Chine, *Thalictrum sinense* Loureiro. Après avoir décrit cette plante, laquelle, dit-il, est peut être un *ranunculus*, il raconte qu'on lui attribue la *racine amère de la Chine*, la *racine d'or*, le *ho-hang-lien* des Chinois, mentionné dans le livre de *Pen-su-o-chou*.

Lesson donne les principaux caractères de cette racine, et consacre quelques lignes à la description d'un principe amer qu'il en aurait retiré, auquel il donne le nom de *thalictrine*. Voici d'ailleurs dans quels termes il le décrit.

« *Thalictrine* (*Lesson*) s'obtient par l'alcool bouillant : est

« en cristaux imparfait, sclaviformes, ou le plus ordinairement « en poudre d'un jaune orangé vif. Son amertume est exces- « sive; mise en laque, elle donne une belle teinture; est « soluble dans l'alcool, dans l'eau, insoluble dans l'éther; « précipite en rouge par la soude caustique et laisse déposer « d'abondants flocons albumineux. Devient rouge par l'a- « cide nitrique, jaune d'ocre par l'acide hydrochlorique, « jaune-serin par le nitrate d'argent, précipité qui devient « noir au contact de la lumière : a la plupart des caractères « de l'amer aloétique de Braconnot ».

Lesson termine son article sur les thalictrum, presque uniquement consacré au *Thalictrum sinense* Loureiro, en faisant observer que tous les thalictrum ont leurs racines jaunes, amères, et donnent de la thalictrine.

Il nous a été impossible de trouver dans les autres ouvrages de cet auteur ou dans les recueils périodiques, tels que les Mémoires de l'Académie des sciences ou le Journal de Pharmacie et de Chimie, d'autres détails sur cette substance.

Mérat et De Lens, dans leur *Dictionnaire universel de Matière médicale et de Thérapeutique* mentionnent cette découverte, mais ils font remarquer que la racine jaune d'or, d'où Lesson a extrait la thalictrine, ne saurait appartenir au *Thalictrum sinense* Lour., Loureiro affirmant que le pigamon de la Chine a la racine *albissima*. D'après les auteurs de ce dictionnaire la racine d'or serait probablement le *chyn len* des Chinois, ou le bois du *Soulamea amara* Lam. VI, 485. Lesson dans ce cas aurait retiré sa thalictrine d'une Polygalée.

Dans l'histoire des drogues d'origine végétale de MM. Flückiger et Hambury, M. Flückiger fait remarquer que la substance colorante jaune des *Berberis*, autrement dit la *Ber-*

berine $C^{20}H^{17}AzO^{4}$, se retrouve dans d'autres espèces de plantes appartenant à des familles plus ou moins voisines de celle des Berbéridées.

Dans les Ménispermées, la racine de *colombo* fournie par *Jateorhiza palmata* Miers., indigène de l'Afrique Orientale, doit son amertume et ses propriétés médicinales, non seulement à la *Colombine* et à l'acide columbique, mais encore à la Berbérine dont la présence y fut démontrée en 1848 par Bœdeker. Dans cette même famille la Berbérine existerait encore dans les parties souterraines de quelques *Pareira*.

Chevallier et Pelletan avaient découvert dès 1826, dans le Clavalier jaune, *Zanthoxylum clava herculis* L., de la famille des Zanthoxylées, une substance colorante jaune qu'ils nommèrent *Zanthopicrite* qu'on reconnut plus tard être de la Berbérine. La découverte de cet alcaloïde, ainsi qu'on l'a déjà fait remarquer, doit donc être attribuée à ces chimistes et non pas à Buchner, qui ne le signala qu'en 1837 dans le *Berberis vulgaris* L.

Plus près des Berbéridées, dans les renonculacées, *l'Hydrastis canadensis* L. du Canada, espèce très odorante et extrêmement amère, préconisée comme un tonique puissant, renferme de la Berbérine, substance qui existe aussi dans le *Xanthorrhiza apiifolia* Lhér. de la tribu des Aquilégiées, plante originaire de l'Amérique septentrionnale appelée *Yellow-root*, dont le bois est employé pour la teinture en jaune. Toujours dans les Renonculacées le genre *Coptis* créé par Salisbury et considéré par M. Baillon (*Histoire des plantes* I p. 18.) comme une simple section du genre Helleborus présente deux espèces intéressantes renfermant de la Berbérine dans leur rhizôme. La première, le *Coptis trifo-*

liata Salibs. ou *Golden Thread* des Américains, considérée comme tonique et amère est employée aux Etats-Unis contre les aphthes et les stomatites. La séconde est le *Coptis Teeta Wallich.*, ou *Mish mee-bitter*, plante originaire du royaume d'Assam qui renferme d'après M. Flückiger jusqu'à huit et demi pour cent de Berbérine dans son rhizôme.

Cet auteur ajoute qu'avec la réaction découverte par Klunge (*in* : *Journal Suisse de Pharmacie;* n° 30, 248) on peut s'assurer que la Berbérine est assez répandue dans la nature, particulièrement dans les Renonculacées, et qu'il l'a décelée au moyen de cette réaction dans la plupart des thalictrum d'Europe spécialement dans le *Thalictrum flavum* L.

Nous ne savons pas si M. Flückiger a eu à sa disposition le thalictrum macrocarpum ; dans tous les cas, nous pouvons affirmer que le principe colorant de cette espèce n'est point la Berbérine signalée par cet auteur dans le thalictrum flavum. En effet les solutions de Berbérine $C^{20}H^{17}AzO^{4}$ se colorent en brun par addition de quelques gouttes d'ammoniaque, et cette réaction est tellement sensible qu'après avoir lavé deux ou trois fois à l'eau distillée le tube ayant servi à l'expérience, si l'on verse dans ce tube une nouvelle quantité de solution de Berbérine il y a encore coloration brune.

En chauffant la solution de Berbérine ainsi brunie par l'ammoniaque, la liqueur prend une coloration presque aussi intense que dans la réaction de Klunge.

On n'observe rien de semblable avec les solutions du principe jaune du thalictrum macrocarpum dont la couleur n'est pas sensiblement altérée dans ces expériences.

Ce principe jaune chauffé dans une solution très concentrée de baryte ne subit aucune altération appréciable, et il est impossible de percevoir aucune espèce de dégagement d'odeur ammoniacale ainsi que cela a lieu dans ces conditions avec la berbérine.

L'analyse chimique démontre enfin d'une façon certaine qu'il n'existe point d'azote dans la composition de la matière colorante du thalictrum macrocarpum.

Pendant nos premières recherches au laboratoire de chimie de la Faculté de médecine nous avons été présenté à M. Bruylants de Louvain, de passage à Paris, qui nous a dit qu'il avait, il y a quelques années, entrepris des travaux sur le *thalictrum flavum* L., et isolé de ses racines une matière blanche amorphe se combinant aux acides, qu'il désignait sous le nom de *thalictrine.*

M. Bruylants aurait fait ces recherches avec M. Hartsen sans les pousser bien loin, laissant à son collaborateur le soin de les publier.

Il aurait obtenu cette *thalictrine* en reprenant le résidu de l'évaporation de la macération alcoolique des racines du thalictrum flavum par l'eau chlorhydrique, neutralisant ensuite par de l'hydrate de magnésie et reprenant par l'alcool.

M. Bruylants ne se rappelant pas au juste le journal où M. Hartsen avait inséré ce travail, nous indiqua de chercher dans le *Chemisches Centralblatt* de 1870 à 1873 ou le le *Jahresberichte für Chemie* de 1871 à 1872. Nous n'avons pas été assez heureux pour trouver dans ces publications, un article quelconque sur le thalictrum flavum en particulier, ou les thalictrum en général.

Au mois de novembre dernier, M. Hanriot, avec qui nous venions d'isoler la substance colorante jaune du thalictrum macrocarpum signalait ce fait, dans une séance de la Société chimique de Paris (1). Une simple note mentionne l'existence d'un principe cristallin jaune possédant une action analogue à celle du curare, extrait des racines du thalictrum macrocarpum et désigné par nous sous le nom de *thalictrine*.

Cette note était erronée au point de vue physiologique, comme nous avons pu nous en convaincre plus tard, en voyant cette substance colorante parfaitement purifiée ne produire aucun des effets toxiques observés d'abord avec le principe encore souillé de matières extractives, et mélangé à un autre principe défini, isolé plus tard.

Voilà donc Lesson appelant *thalictrine* la matière colorant en jaune les racines d'une Polygalée, le *Soulamea amara* Lam. ; M. Flückiger rapprochant de la *Berbérine* le principe colorant des thalictrum ; M. Bruylands désignant sous le nom de thalictrine une matière blanche et amorphe retirée du thalictrum flavum. Nous-même employant cette même désignation pour la substance jaune cristallisée du thalictrum macrocarpum à laquelle tout d'abord nous avions attribué à tort des propriétés toxiques. En présence de la confusion inévitable qu'entraîneraient ces diverses dénominations, nous avons dû, pour faciliter l'exposé de notre travail faire choix d'un nom nouveau. Aussi, avant d'aller plus loin, nous devons dire que nous réservons au principe actif, incolore des racines du thalictrum macrocarpum le nom de *thalictrine*, et nous désignerons sous le nom de *macrocarpine* le produit cristallisé jaune renfermé dans le tissu cellulaire de l'écorce et des rayons médullaires de ces mêmes racines, principe différant ainsi que nous l'avons dit plus haut, de la Berbérine signalée dans le thalictrum flavum.

(1) *Bulletin de la Société chimique*, t. XXXII, p. 610. Voir encore même Bulletin t. XXXIV p. 83.

§ 2. — De la macrocarpine.

Dès que les premières expériences faites sur des grenouilles eurent démontré d'une façon certaine la toxicité de l'extrait des racines du thalictrum macrocarpum, nous crûmes qu'il serait fort important de faire quelques recherches dans le but d'en trouver le principe actif.

La bienveillance avec laquelle M. Wurtz nous admit à travailler au laboratoire de chimie de la Faculté de Médecine de Paris, nous permit de commencer des recherches de ce genre. C'est dans ce laboratoire que nous sommes arrivé à isoler pour la première fois la matière colorante jaune du thalictrum macrocarpum.

Pour obtenir ce résultat on a d'abord accordé la préférence aux dissolvants neutres.

Le traitement alcoolique des racines du thalictrum macrocarpum donna un extrait dans lequel, après avoir chassé l'alccol par distillation, on put facilement discerner les substances suivantes :

1° Une matière colorante jaune d'une nuance rappelant d'une façon absolue la coloration intérieure des racines fraîches de la plante, c'est la *macrocarpine* ;

2° Une *résine* de couleur brun noirâtre, soluble dans l'alcool à chaud, beaucoup plus soluble dans l'éther, et insoluble dans l'eau, n'ayant d'ailleurs de spécial qu'une odeur désagréable ;

3° Un *liquide* parfaitement neutre, de coloration brun jaunâtre, d'une saveur amère avec arrière-goût un peu sucré ;

4° Ce liquide renfermait les *sels* de la plante ;

5° Il contenait encore une certaine proportion de *glucose* ;

6° On a pu enfin en extraire par addition d'acide, une petite quantité d'un alcaloïde nouveau, la *thalictrine*, lequel se trouve aussi dans le résidu insoluble dans l'alcool, lorsqu'on traite également ce résidu par un acide.

A. *Préparation de la macrocarpine.* — Les racines du thalictrum macrocarpum, ainsi d'ailleurs que les parties aériennes de cette plante, se dessèchent avec une remarquable lenteur. Après les avoir laissées pendant plusieurs jours de suite dans une étuve, dont la température était maintenue à 45°, elles se montrèrent d'une hygrométricité parfaite, car il suffisait de les abandonner pendant quelque temps à l'air libre pour les trouver bientôt augmentées de poids.

Au sortir de l'étuve, ces racines devenues très cassantes, portées au mortier furent réduites par quelques coups de pilon, avec une très grande facilité, en une poudre jaunâtre qui dégageait une odeur spéciale et possédait une amertume très accentuée. Pendant qu'on pilait ces racines, des poussières ténues s'envolant dans l'atmosphère provoquaient de violents éternuements et faisaient naître dans la bouche une saveur presque aussi amère que celle ressentie en concassant des écorces de *Strychnos*.

Cette poudre de racines de thalictrum fut alors introduite dans une allonge à déplacement et épuisée pendant plusieurs jours de suite par l'alcool à 98°.

La liqueur filtrée constituait un liquide très coloré en jaune brun, d'un goût amer. On évapora cette solution alcoolique au bain-marie en ayant soin de distiller dans le vide au moyen de la trompe, la température ne dépassa pas ainsi 60 à 70°, l'alcool distillait en jet continu.

On eut bientôt un extrait sec; la trompe arrêtée, on trouva le ballon qui avait servi à la distillation tapissé d'une croûte épaisse, brun jaunâtre, formée par les dernières portions du liquide concrétées à la surface intérieure du vase pendant les derniers soubresauts de l'ébullition.

Déjà à première vue il sembla qu'il y avait, en certains points de l'extrait, de petites masses cristallines jaunes. L'extrémité d'un agitateur introduit dans le ballon ramena une parcelle d'extrait, et à l'examen microscopique, on put constater la présence d'aiguilles cristallines assez abondantes. Tout l'extrait fut alors repris par une petite quantité d'alcool: le lendemain on vit au sein de cette liqueur une quantité notable de macrocarpine cristallisée.

Une nouvelle macération alcoolique de racines de thalictrum macrocarpum préparée avec le même soin fut distillée de la même manière. On n'évapora point cette fois à siccité, mais seulement jusqu'à consistance sirupeuse. Au bout d'une heure, cet extrait placé dans un endroit frais se prit en une masse compacte de cristaux de macrocarpine.

Par d'autres extraits successifs, obtenus avec le procédé que nous venons de décrire, on eût bientôt une certaine quantité du principe jaune du thalictrum macrocarpum.

Ces extraits constituaient des masses brunes très colorées, d'une consistance et d'une odeur rappelant assez celles du miel ; les cristaux de macrocarpine y étaient mélangés avec une forte proportion d'autres matières extractives. Pour avoir ces cristaux déjà formés à l'état de pureté, on procéda de la façon suivante : Un entonnoir bouché par un tampon de coton cardé constitua un filtre sur lequel on mit à égouter tous ces extraits alcooliques, la filtration fut accélérée au moyen de la trompe. Les eaux mères des cristaux furent ainsi facilement séparées et formèrent dans le vase récipient un liquide sirupeux fortement coloré en brun. La macrocarpine resta sur le filtre sous forme de masse jaune.

Des cristallisations successives dans l'alcool et dans l'eau, donnèrent cette substance à un degré très satisfaisant de pureté, et permirent d'éliminer une matière résineuse qui restait adhérente aux parois des vases pendant qu'on décantait et qu'on filtrait les solutions de macrocarpine.

Plus tard enfin, on purifia encore davantage ces cristaux de macrocarpine par des lavages répétés à l'éther, et ce traitement permit même d'extraire de ces cristaux, comme nous le dirons plus loin, une petite quantité de thalictrine.

Nous venons de rapporter le procédé le plus simple et le meilleur à notre avis pour préparer la macrocarpine ; il est important d'ajouter les détails suivants :

On favorise beaucoup la formation des cristaux dans l'extrait alcoolique qu'on vient d'amener à consistance sirupeuse en additionnant cet extrait d'une petite quantité d'eau distillée ; décanté à ce moment dans une capsule, le liquide se prend très rapidement en une masse cristalline.

Il faut dans la préparation de la macrocarpine, si l'on veut obtenir un bon rendement des racines traitées, se mettre en garde contre une température trop élevée. Aussi en évaporant à l'air libre les solutions alcooliques de racines de thalictrum macrocarpum, on obtient beaucoup moins de macrocarpine qu'en distillant dans le vide.

On a pu s'assurer également qu'épuisées par de l'alcool bouillant ces mêmes racines donnaient un résultat moins bon que par la simple macération froide, l'alcool chaud est utile seulement pour enlever les dernières parties de macrocarpine restées dans les fibres des racines.

Les extraits aqueux ne nous ont jamais donné directement de macrocarpine. Les racines épuisées par l'eau froide donnent ensuite, lorsqu'on les reprend par l'alcool, presque autant de principe jaune que si la première opération n'avait pas eu lieu.

La présence d'une certaine quantité d'acide minéral sembler donner de la stabilité à ce composé. Tandis que la solution aqueuse ne nous donnait aucun résultat, la solution sulfurique et chlorhydrique nous a permis d'en extraire une quantité notable.

Le fait suivant est assez remarquable. En épuisant de la poudre de racines de thalictrum macrocarpum par une grande quantité d'éther, on enlève la majeure partie de la matière résineuse déjà signalée ; si on traite alors ces racines bien séchées par l'eau, l'extrait aqueux obtenu de cette manière peut fournir des cristaux de macrocarpine.

Ajoutons, pour terminer ce qui traita à la préparation de cette substance, qu'il faut éviter avec le plus grand soin de maintenir en ébullition des solutions de macrocarpine impure renfermant encore des matières extractives ; dans ces conditions en effet ce principe jaune s'altère rapidement, et l'on n'a plus qu'un liquide coloré en brun ne donnant plus de cristaux par refroidissement. On peut au contraire faire bouillir assez longtemps des solutions de macrocarpine bien purifiées sans observer une altération semblable.

B. *Caractères physiques de la macrocarpine* — *La macrocarpine* se présente le plus souvent cristallisée, on peut aussi, mais rarement, l'observer à l'état amorphe.

A l'état cristallin, elle est constituée par de petits prismes fréquemment groupés, et d'un jaune clair.

Quelquefois, dans les solutions aqueuses étendues, on a vu la macrocarpine se déposer très lentement sur les parois des vases à l'état amorphe, en couches jaunes et cassantes.

Les cristaux de macrocarpine, parfaitement desséchés dans le vide, forment une poudre d'un jaune-serin dans l'air ambiant ; cette poudre exposée quelques minutes à la température de 85° à 100° prend une coloration orangée. Le changement de coloration commence par les parties superficielles et se propage assez difficilement aux parties profondes qui restent souvent colorées en jaune-serin et tranchent ainsi nettement sur la surface orangée.

Quand on laisse longtemps la macrocarpine sous la cloche à acide sulfurique, elle se colore de même en rouge orangé et cette coloration persiste quand on la retire soit de l'étuve, soit de l'exsiccateur pour l'abandonner à l'air libre.

L'état de division de la substance favorise beaucoup dans ce cas la coloration, mais les parties profondes ne se colorent pas, ce qui est facile à constater quand on a placé la macrocarpine dans un verre de montre, car, en regardant ce verre par dessous, on aperçoit la coloration jaune serin non modifiée et, en grattant la surface de la macrocarpine devenue orangée, on voit que cette dernière teinte est tout à fait superficielle. Quand la macrocarpine est fortement tassée, ce phénomène met beaucoup plus de temps à se produire. On peut se demander si ce changement de couleur est dû à l'influence de la lumière, ainsi que cela a lieu pour la santonine par exemple, mais il faut remarquer qu'une siccité presque absolue semble indispensable pour qu'il se produise. En effet la macrocarpine à l'état de poudre cristalline conservée depuis plusieurs mois dans des flacons exposés au jour a gardé sa coloration normale parfaite.

La saveur de la macrocarpine est franchement amère, une parcelle de cette substance provoque dans la bouche une amertume bien accusée qui se dissipe d'ailleurs promptement.

Le pouvoir colorant de cette substance est assez intense ; deux centigrammes de macrocarpine colorent manifestement un litre d'eau ; elle pourrait servir dans la teinture, car elle teint directement en jaune la soie et la laine d'une manière très solide, et les lavages à l'eau n'altèrent nullement la coloration obtenue, l'alcool bouillant l'enlève en partie. Quand on touche avec une solution de macrocarpine l'épiderme, celui des mains par exemple, il y a aussi coloration jaune des cellules épithéliales, mais elle ne persiste pas longtemps et disparaît assez facilement par des lavages alcalins.

On sait qu'on emploie en teinture le *Thalictrum aquilegifolium* L., le *Thalictrum angustifolium* L. et le *Thalictrum flavum* L. ; il est certain que le thalictrum macrocarpum, s'il était plus répandu, présenterait des avantages incontestables, au point de vue du rendement et peut être même de la qualité du principe colorant ; mais aujourd'hui les matières tinctoriales d'origine végétale sont moins appréciées par suite des progrès de la chimie aromatique, de sorte que de pareilles considérations offrent moins d'intérêt pratique.

La macrocarpine est une substance assez peu soluble dans l'eau froide, 200 grammes de ce liquide à la température de 7° en dissolvent 1 gramme. L'eau bouillante en dissout une quantité quatre ou cinq fois plus forte.

L'alcool ne la dissout guère mieux, 100 grammes d'alcool froid en dissolvent environ 75 centigrammes. A chaud ce liquide en dissout cinq à six fois plus.

L'alcool amylique froid est un dissolvant très faible de la macrocarpine, 2 centigrammes de cette substance sont dissous par 100 grammes d'alcool ; mais à chaud l'alcool amylique est le dissolvant le plus énergique de la macrocarpine. Il importe néanmoins de ne pas arriver jusqu'à la température de l'ébullition de cet alcool qui a lieu comme on le sait à 132°. A cette température la solution se colore en brun, et la macrocarpine est en partie altérée ; mais si l'on ne dépasse pas 80° à 90°, 100 grammes d'alcool amylique dissolvent facilement sans altération 10 grammes de macrocarpine.

La macrocarpine est tout à fait insoluble dans l'éther anhydre et l'essence de thérébentine, elle est assez soluble dans le chloroforme, peu soluble dans la benzine.

La substance que nous étudions possède, ainsi que la berbérine avec laquelle elle a une certaine analogie, une tendance à former des solutions sursaturées. Une fois dissoute, soit dans l'eau, soit dans l'alcool à chaud, il arrive fréquemment qu'elle ne se dépose du sein de ces solutions qu'avec une extrême lenteur.

Examinée au polarimètre, la macrocarpine n'a pas manifesté d'action sur la lumière polarisée.

Ajoutons pour terminer, que cette substance ne renferme qu'une petite quantité d'eau de cristallisation pouvant être évaluée à un pour cent.

C. *Action de la chaleur sur la macrocarpine.* — Quand on chauffe la macrocarpine, bien purifiée et sèche, dans un tube à expérience fermé par un bouchon à sa partie supérieure, et plongeant par son extrémité inférieure dans un bain d'huile, on peut observer que les caractères physiques de la matière jaune du thalictrum macrocarpum ne changent pas à la température de 80° à 85°. De 85° à 90° la macrocarpine devient d'un jaune un peu plus accentué, et à 100° elle prend une teinte orangée. A 120° la couleur de cette substance est devenue brun foncé, et à 150° elle est tout à fait noirâtre. La macrocarpine se présente alors sous forme de masse granuleuse se boursouflant sur quelques points. De 150° à 200° cet aspect reste le même, on n'observe point de fusion, mais en débouchant le tube on perçoit une odeur particulière.

Si on agite alors le résidu noirâtre resté au fond du tube avec de l'eau ou de l'alcool, on peut constater qu'il est entièrement soluble dans ces liquides qui prennent une coloration tout à fait semblable à celle du brome.

Une goutte d'acide minéral donne à ces solutions la couleur jaune des solutions de macrocarpine, en neutralisant par l'ammoniaque la coloration rougeâtre se reproduit.

La macrocarpine tout à fait insoluble dans l'éther, modifiée ainsi par la température de 200°, se dissout en partie aussi dans ce liquide en le colorant en rouge.

A cette température, on n'a pas vu la macrocarpine donner de vapeurs apparentes, mais nous avons signalé le dégagement d'une odeur particulière.

En chauffant sur un bec de Bunsen un décigramme environ de macrocarpine placée dans une petite cornue de verre communiquant avec un récipient refroidi, cette substance portée ainsi à une haute température, a dégagé des vapeurs très nettes, d'une coloration tirant sur le violet ; on n'a pu amener la condensation de ces vapeurs en trop petite quantité sans doute. Dans la cornue on a trouvé un résidu de charbon, et perçu de nouveau l'odeur spéciale déjà mentionnée.

D. *Action des réactifs généraux.* — La macrocarpine est un corps parfaitement neutre, les solutions de cette substance n'ont d'autre action sur le papier de tournesol que celle d'ajouter une teinte jaune à la coloration de ce réactif.

La plupart des acides minéraux, l'acide chlorhydrique, l'acide sulfurique, l'acide bromhydrique etc., précipitent la macrocarpine de ses solutions qui restent colorées en jaune malgré un excès d'acide.

L'acide azotique la précipite également, mais la solution se colore en rouge brun plus ou moins foncé.

La macrocarpine se dissout dans l'*ammoniaque*; la solution obtenue est aussi claire et a la même teinte jaune clair que les solutions aqueuses, celles-ci n'éprouvent aucune modification sous l'influence de cet alcali.

Une solution de macrocarpine chauffée avec de la *potasse* perd rapidement sa coloration jaune ; la liqueur devient incolore et on observe la formation de petites masses résineuses cassantes, de couleur rougeâtre, insolubles dans l'eau et dans l'éther, mais se dissolvant assez facilement dans l'alcool chaud.

Avec la *soude*, la réaction se passe de même, si l'alcali est en quantité suffisante. Quand il n'est pas en excès, on observe seulement un précipité blanc floconneux, qui reste en suspension dans le liquide troublé.

La macrocarpine, chauffée en notable quantité dans une solution concentrée de *baryte*, n'a pas subi d'altération appréciable, il a été impossible de constater aucune espèce de dégagement d'odeur ammoniacale.

Le *sous-acétate de plomb* ne produit aucun changement dans les solutions de macrocarpine.

Le *nitrate d'argent* en solution concentrée précipite cette substance; le précipité recueilli sur un filtre se redissout dans l'eau distillée, et cette nouvelle solution ne renferme pas d'argent.

Le *chloroplatinate* et le *chlorure d'or* précipitent aussi la macrocarpine de ses solutions.

L'*iode* en solution alcoolique donne dans la solution alcoolique de macrocarpine un précipité jaune doré. L'examen microscopique montre que les deux substances constituent ce précipité, on y remarque des cristaux d'iode et des cristaux de macrocarpine colorés en brun par l'iode d'une façon inégale, quelques-uns même ont échappé à cette coloration.

M. Flückiger, de Strasbourg, ainsi que nous l'avons dit plus haut a signalé la berbérine dans le rhizôme du thalictrum flavum, d'après la réaction découverte par Klunge (*in Journal suisse de pharmacie* 1874 n° 30, 248). Cette réaction, qui permet de constater immédiatement la présence de la berbérine dans les solutions aqueuses des racines qui en renferment, est également commune aux solutions du principe cristallisé jaune du thalictrum macrocarpum. En effet, quand on acidifie une solution de macrocarpine par addition d'acide sulfurique ou chlorhydrique, et que l'on ajoute de l'eau de chlore à cette solution d'acide, il se produit au contact du liquide une zone rouge vif, et lorsqu'on agite la liqueur, la couleur se produit dans toute l'étendue du liquide.

En faisant passer un courant de *chlore* dans une solution

aqueuse de macrocarpine, on voit la liqueur prendre promptement une coloration rouge analogue à celle du brome. La solution ainsi colorée, abandonnée à elle-même perd assez rapidement sa teinte rouge qui devient d'abord orangée, puis légèrement jaune et finit ensuite par disparaître. Du sein de la liqueur décolorée, se déposent des grumeaux blanchâtres amorphes peu abondants.

Avec la liqueur de Fehling, la macrocarpine ne donne pas autre chose qu'une coloration verte due au jaune et au bleu des deux liquides mélangés, et un léger précipité blanc floconneux produit par la soude,

Avec le réactif de Mayer, les solutions de macrocarpine deviennent légèrement dichroïques.

Voyant que la macrocarpine n'était pas un alcaloïde, on pensa aux glucosides, et l'on essaya sans succès de la dédoubler en sucre et en une matière nouvelle. Une solution de macrocarpine additionnée de quelques gouttes d'acide sulfurique, et maintenue en ébullition pendant plusieurs jours de suite, n'a pas été altérée; l'acide chlorhydrique ne nous a pas donné un meilleur résultat.

E. *Analyse.* — Un décigramme de macrocarpine, placé sur la lame de platine, a été brûlé à la flamme d'un bec de Bunsen sans laisser aucune espèce de trace ni aucun résidu.

On a ensuite recherché la présence soit de l'azote, soit du chlore, dans la macrocarpine pure bien lavée à l'éther; il nous a été impossible d'y déceler l'un ou l'autre de ces corps.

La recherche de l'azote a été faite avec un soin tout spécial et contrôlée à plusieurs reprises par notre ami M. Hanriot. Dans une dernière expérience tentée dans ce but, soixante centigrammes de macrocarpine ont été chauffés avec du potassium, et c'est en vain qu'on a cherché à déceler dans le produit une trace de cyanure.

Nous ne nous hasarderons point à donner cette fois-ci une formule de la macrocarpine, attendu qu'il a été reconnu trop tard, que les cristaux de cette substance employés pour les analyses renfermaient encore quelque peu d'une matière étrangère, visible à l'examen microscopique, sous forme de petites granulations adhérant aux aiguilles cristallines. On verra néanmoins la composition centésimale qui peut être assignée à la macrocarpine, d'après les deux analyses suivantes.

	I	II
Carbone....	58,15	58,36
Hydrogène..	5,87	5,48
Oxygène....	35,98	36,16
	100,00	100,00

§. 3. — DE LA THALICTRINE.

On venait d'isoler la macrocarpine des racines du thalictrum macrocarpum. Quelques essais, faits à la hâte avec ce principe encore impur, avaient paru démontrer son action toxique. Considérant comme acquis le résultat obtenu, on s'était occupé de préparer une quantité plus considérable de substance, de façon à entreprendre des expériences physiologiques plus complètes qu'on pourrait continuer sans interruption.

Quand nous eûmes entre les mains quelques grammes de macrocarpine, nous commençâmes de nouvelles recherches expérimentales avec ce produit, dans le laboratoire de M. Vulpian.

Nous avions énoncé brièvement les propriétés de l'extrait de thalictrum macrocarpum, et nous étions persuadés que le principe défini, que nous venions étudier physiologiquement, jouissait des mêmes propriétés; aussi notre surprise fut grande, lorsque M. Vulpian, expérimentant lui-même devant nous cette macrocarpine, la trouva sans action.

Un fait restait pourtant debout, évident : la toxicité de l'extrait. Des grenouilles recevant en injection quelques centigrammes d'extrait aqueux des racines de thalictrum macrocarpum mouraient irrévocablement dans l'espace de quelques heures.

M. Vulpian, avec une bienveillance dont nous ne saurions trop le remercier ici, nous engagea alors vivement à continuer notre étude en mettant à notre disposition les ressources de son laboratoire, et comme nous étions persuadé qu'il y avait dans le thalictrum macrocarpum un autre principe produisant les effets toxiques observés avec l'extrait de cette plante, nous entreprîmes pour l'isoler de nouvelles recherches chimiques.

A ce moment, il ne restait plus qu'une petite quantité de racines de thalictrum macrocarpum, et le marc provenant de celles qui avaient été épuisées plusieurs fois par l'alcool, dans l'extraction de la macrocarpine; c'est avec de pareilles ressources que les nouvelles recherches furent tentées.

On sait qu'elles sont les difficultés que présente l'extraction des alcaloïdes, quand on opère sur de petites quantités de substance. Aussi malgré tous nos efforts, et les conseils éclairés de M. Mourrut ne réussîmes-nous, qu'après bien des tâtonnements, à isoler quelques centigrammes de thalictrine nettement cristallisée, produisant sur des grenouilles les mêmes effets toxiques que l'extrait de la plante. Cette petite quantité de principe actif obtenue au laboratoire de pathologie expérimentale de M. Vulpian fut mise sous les yeux de M. Bruylants de Louvain quand il vint visiter ce laboratoire. Au mois de mars dernier, M. Bochefontaine voulut bien analyser avec nous les effets physiologiques de cet alcaloïde nouveau, et présenta à cette époque, en notre nom, à la Société de biologie une note sur ce sujet.

On comprendra facilement, vu le peu de thalictrine dont nous avons disposé, que les pages suivantes ne soient données qu'à titre de travail préliminaire, nous réservant de compléter cette étude aussitôt que nous serons en possession de nouvelles racines. Ce qu'on vient de dire pour la partie chimique de la thalictrine, on pourrait le répéter pour la partie physiologique de ce travail; ajoutons seulement que la minime quantité de principe actif isolé nous a contraint, constatation faite que la thalictrine produisait les mêmes effets que la plante, à dose dix fois moindre environ, à employer cet extrait pour les expériences physiologiques.

On a suivi, pour isoler la thalictrine des racines du thalictrum macrocarpum, la méthode générale usitée pour l'extraction des alcaloïdes, consistant à les déplacer de leurs combinaisons avec les acides végétaux, soit par des acides, soit par des bases plus ou moins énergiques, selon la stabilité des principes cherchés, et une fois mis en liberté à les enlever du sein des liqueurs aqueuses ou alcooliques, par un dissolvant approprié.

La thalictrine a été d'abord cherchée dans les eaux mères

(1) *Société de biologie*, séance du 20 mars, in *Gazette médicale de Paris*, 1er mai 1880.

de la macrocarpine, puis dans la macrocarpine elle-même. On a ensuite essayé d'extraire cet alcaloïde des racines du thalictrum en employant l'acide tartrique, la chaux, l'acide chlorhydrique, la magnésie, etc....

A. *Recherche dans les eaux mères de la macrocarpine.* — Après addition de 20 grammes d'acide tartrique, par distillation dans le vide nous avons ramené à 200 grammes environ un litre de liqueur alcoolique d'où on avait extrait la macrocarpine. On songea alors à utiliser la propriété que possède l'alcool amylique de dissoudre les alcaloïdes contenus dans les milieux aqueux, tandis qu'il abandonne à ces mêmes véhicules acidulés les sels d'alcaloïdes. Pour cela, on traita le résidu aqueux des 1000 grammes de liquide alcoolique, préalablement neutralisés avec du bicarbonate de sodium, par de l'alcool amylique chaud. Après agitation et repos convenable, on sépara les deux liquides. L'alcool amylique s'était fortement coloré, on l'évapora au bain d'huile dans un appareil à distillation et on examina le résidu qui était composé de matières gommo-résineuses et de quelques cristaux jaunes de macrocarpine, mais on ne put y déceler la thalictrine ; cet alcaloïde est cependant soluble dans l'alcool amylique et il est possible que ce soit la température élevée que nous avons dû employer qui l'ait détruite.

Les eaux mères nous manquant, il n'a pas été possible de recommencer cette expérience ; il est probable qu'on obtiendrait un meilleur résultat, en reprenant le liquide amylique par de l'eau chaude convenablement acidulée ; neutralisant de nouveau, reprenant par l'alcool amylique et traitant ainsi jusqu'à ce que l'on obtienne une solution de sel d'alcaloïde incolore, qu'il serait facile de recueillir par évaporation spontanée.

Pour ne pas perdre complètement les liquides de l'expérience ci-dessus, on traita le résidu aqueux séparé de l'alcool amylique avec de l'éther. Ce véhicule se colora encore fortement. Après l'avoir évaporé à siccité, il fut possible d'apercevoir au microscope dans le résidu qu'il fournit de petites masses cristallines insolubles dans l'eau, mais solubles dans l'eau acidulée. La solution qu'on obtint de cette manière se montra très toxique en injection sous la peau des grenouilles. La proportion du sel obtenu n'était en rien comparable à la toxicité de l'extrait, ce qui nous porte encore plus à croire que dans la distillation de l'alcool amylique, nous avions détruit notre principe.

B. *Recherche dans la macrocarpine.* — La macrocarpine avait quelquefois manifesté des effets toxiques, surtout quand elle n'avait pas été purifiée par de nombreuses cristallisations dans l'eau ou dans l'alcool.

Nous basant sur l'insolubilité de ce corps dans l'éther, on en soumit deux grammes à des lavages avec ce véhicule, qui, par évaporation spontanée, nous laissa comme résidu une petite quantité de thalictrine.

Les cristaux incolores de cet alcaloïde, vus à un faible grossissement, étaient faciles à distinguer de quelques cristaux jaunes de macrocarpine que l'éther aqueux sans doute avait pu dissoudre

Ce résidu, repris par l'eau acidulée avec l'acide azotique et filtré, possédait les propriétés et les caractères des alcaloïdes ; il précipitait par les réactifs de Valser et de Mayer ;

injecté sur des grenouilles, celles-ci expiraient rapidement en résolution musculaire et la mort arrivait au bout d'une demi-heure pour quelques-unes, au bout d'une heure pour d'autres, suivant que l'injection avait été plus ou moins forte.

Le reste de la solution évaporé avec soin a laissé un nouveau résidu coloré par de l'acide hypoazotique.

Vu au microscope, ce résidu était bien cristallin, composé de très petits cristaux, formés d'aiguilles déliées, réunies autour d'un point commun.

C. *Recherche avec l'acide tartrique.* — L'emploi de cet acide pour séparer la thalictrine de ses combinaisons végétales est celui qui a paru jusqu'ici nous donner le meilleur résultat, voici le procédé suivi (1).

500 grammes de racines de thalictrum, convenablement concassées, ont été additionnés de 10 grammes d'acide tartrique. Le mélange introduit dans une allonge à déplacement, a été lixivié jusqu'à épuisement complet par de l'alcool à 98 degrés.

On a distillé la liqueur alcoolique dans le vide, et le résidu de la distillation repris par l'eau froide y a laissé le tartrate d'alcaloïde ; la majeure partie des substances extractives, les matières gommo-résineuses, ainsi qu'une quantité notable

(1) Nous avons traité par le même procédé 40 grammes de racines sèches du *Thalictrum nigricans DC.*, forme du *Thalictrum flavum L.* provenant d'individus cultivés au Jardin botanique du Muséum de Paris. Malgré un examen microscopique attentif du résidu éthéré, on n'a pu apercevoir le moindre groupe de cristaux étoilés, ce résidu n'était d'ailleurs pas toxique. On a constaté dans l'extrait alcoolique une petite quantité de beaux prismes de matière colorante jaune, en même temps que l'absence de la résine soluble dans l'éther que nous avons signalée dans les racines du thalictrum macrocarpum.

de macrocarpine peu soluble dans l'eau froide, n'ont pas été dissoutes.

La solution filtrée a été agitée avec son volume d'éther ; celui-ci s'est fortement coloré et a été décanté au moyen de l'entonnoir à robinet. La partie aqueuse, saturée par du bicarbonate de sodium jusqu'à cessation de dégagement de gaz carbonique, a été de nouveau reprise par l'éther. Ce véhicule par évaporation spontanée nous a laissé un résidu d'apparence amorphe, cristallin au microscope, encore souillé de matières étrangères. Ces cristaux étaient insolubles dans l'eau, solubles dans l'alcool et le chloroforme. Ils se dissolvaient aisément dans l'eau acidulée. Après avoir lavé ce résidu à l'eau distillée froide, qui a encore enlevé des matières colorantes, il a été repris par l'eau légèrement acidulée par l'acide sulfurique. La solution un peu acide a été filtrée et placée dans le vide. Après évaporation complète nous avons trouvé dans la capsule de beaux cristaux incolores, constitués par des aiguilles très déliées, groupées autour d'un centre commun. Ce résidu pouvait être évalué à 60 centigrammes ; sa solution possédait les réactions des alcaloïdes.

Ajoutons qu'après ce résultat, on a traité de la même manière une grande quantité de marc provenant des racines épuisées déjà plusieurs fois par l'alcool, pour en extraire la macrocarpine. L'extrait aqueux préparé avec une petite quantité de ce marc avait donné des effets toxiques manifestes, néanmoins nous n'avons obtenu dans cette opération, après avoir traité le résidu éthéré par l'eau acidulée avec l'acide sulfurique, qu'une très minime quantité de cristaux de sel d'alcaloïde, dont la forme invisible à l'œil nu paraissait étoilée à l'examen microscopique. On put avec la solution de ce sel, qui donnait un trouble granuleux abondant avec le réactif de Mayer, provoquer la mort rapide de plusieurs grenouilles.

D. *Recherche avec la chaux.* — En épuisant les racines de thalictrum macrocarpum préalablement mélangée à l'hydrate de calcium, au moyen de l'eau bouillante, on a obtenu un extrait aqueux alcalin. Cet extrait concentré en partie dans le vide, puis mélangé avec son volume d'éther additionné d'une certaine quantité d'éther de pétrole, a été laissé pendant vingt-quatre heures en contact avec ce mélange. On a alors séparé le liquide aqueux de l'éther excessivement chargé de matières résineuses, le colorant en brun foncé.

La masse éthérée, évaporée presqu'à siccité, puis abandonnée à elle-même, à permis de constater à l'œil nu de petits cristaux étoilés, peu abondants, qui scintillaient au milieu de la couche épaissie des substances résineuses.

Après des lavages répétés avec de l'eau distillée les petites masses cristallines n'ayant pas changé d'aspect, on s'est servi d'eau acidulée avec l'acide chlorhydrique, qui les a dissoutes, ainsi que la plus grande partie des matières extractives signalées. Cette solution filtrée a laissé sur le filtre des substances grasses qui n'avaient été qu'émulsionnées, mais elle est restée néanmoins très colorée. Par évaporation spontanée dans le vide elle a laissé déposer une très petite quantité de cristaux de chlorhydrate de thalictrine.

Ces cristaux étaient plus beaux que ceux du sulfate obtenus dans l'opération précédente, et formés de même par de fines aiguilles dispersées autour d'un centre commun. Ils possédaient également la réaction des alcaloïdes, et les propriétés toxiques de l'extrait.

E. *Recherches avec la magnésie.* — En expérimentant sur 200 grammes de racines de thalictrum macrocarpum le procédé suivi par M. Bruylants dans ses recherches sur le thalictrum flavum, c'est-à-dire, épuisant ces racines par l'eau acidulée avec l'acide chlorhydrique, neutralisant par l'hydrate de magnésie et reprenant par l'alcool, on n'a obtenu aucun résultat.

Nous n'avons pas été plus heureux en employant l'acide sulfurique, ou l'acide oxalique, et neutralisant ensuite par la chaux.

Mentionnons enfin, que l'extrait aqueux qui servait à nos expériences physiologiques, préparé de la façon décrite plus loin, additionné de bi-carbonate de soude jusqu'à complet dégagement d'acide carbonique, nous a fourni en l'agitant avec l'éther quelque peu de thalictrine, mais l'extrait aqueux après ce traitement, se montrait presque aussi toxique qu'avant.

F. *Propriétés.* — Ce que nous savons jusqu'à ce jour de l'alcaloïde du thalictrum macrocarpum se borne à peu de chose. On a vu dans l'exposé de nos recherches, la *thalictrine* se présenter sous forme de petits cristaux aiguillés, incolores, groupés autour d'un centre commun. Ces cristaux étaient insolubles dans l'eau à chaud comme à froid, solubles dans l'éther, l'alcool, le chloroforme et un peu dans la benzine.

La thalictrine neutralise bien les acides, et on a pu ainsi que nous l'avons mentionné plus haut former le sulfate, l'azotate, et le chorhydrate de cet alcaloïde.

La solution de thalictrine, et celle de ses sels, donnent avec le réactif de Mayer un précipité caractéristique blanc bien grumeleux. Avec les autres réactifs des alcaloïdes, tels que celui de Valser ou de Winckler la réaction a été également très manifeste.

Ajoutons enfin, que l'action physiologique, recherchée sur des grenouilles avec le produit de chacune de nos expériences, est venue apporter une nouvelle preuve de la présence d'un alcaloïde actif dans les racines du thalictrum macrocarpum.

Cette action physiologique, qui fait l'objet de la troisième partie de ce travail, sera abordée après une étude complémentaire des racines du thalictrum macrocarpum.

§ 4. — ÉTUDE COMPLÉMENTAIRE DES RACINES DU THALICTRUM MACROCARPUM

Nous terminerons l'étude que nous venons de donner sur les deux principes les plus importants des racines du thalictrum macrocarpum, par l'indication sommaire des autres substances qu'elles renferment, et par l'énoncé des rares espèces de thalictrum permettant de supposer d'après la structure de leurs racines une constitution chimique probablement analogue.

A. *Eau de végétation.* — Les racines fraîches du thalictrum macrocarpum renferment une forte proportion d'eau, desséchées à la température ordinaire elles perdent 60 p. 100 d'eau.

Ces racines ainsi séchées sont très hygrométriques, comme on l'a déjà dit; après les avoir laissées pendant plusieurs jours à l'air libre, par une température de 15° environ, et placées ensuite pendant près de 10 heures dans l'étuve à eau bouillante, on les a trouvées diminuées de 11,6 p. 100 de leur poids.

L'eau de végétation de ces racines, récoltées au moment du développement complet de la plante, peut donc être évaluée d'une façon très approximative à 71,6 p. 100.

B. *Extraits, sels minéraux.* — En employant quatre litres d'alcool à 90° pour épuiser par la méthode Cloëz, c'est-à-dire par un courant d'alcool chaud, 100 grammes de racines sèches du thalictrum macrocarpum pulvérisées et placées dans une allonge à déplacement, on ne voit le liquide employé passer incolore qu'au bout de vingt-quatre heures à cause du pouvoir colorant assez fort de la macrocarpine.

A ce moment on a un extrait alcoolique complet; on le concentre à consistance sirupeuse, le principe jaune se prend en une masse de cristaux baignés par un liquide brun.

Si on agite le tout avec assez d'éther pour que les dernières portions employées ne se colorent plus, on enlève la *résine* de l'extrait avec des traces de *thalictrine.*

Cette *résine* est de couleur brune, à odeur désagréable, insoluble dans l'eau, très soluble dans l'éther, très peu dans l'alcool froid, davantage dans l'alcool bouillant.

Les racines de thalictrum macrocarpum donnent dans l'opération précédente un résidu éthéré de 1,50 p. 100.

Si l'on jette alors, sur un entonnoir bouché par un tampon de coton cardé, et pesé à l'avance, le restant de l'extrait alcoolique, et qu'on filtre à la trompe, les cristaux de macrocarpine restent sur le filtre, et le liquide brun qui les imprégnait passe dans le récipient au-dessous de l'entonnoir. En versant quelques gouttes d'éther sur les cristaux de macrocarpine, on les débarrasse complètement de quelques traces de résine restée adhérente aux prismes cristallins, et l'on peut avoir le rendement des racines du thalictrum macrocarpum en principe colorant ; dans ces conditions on a trouvé que ces racines renfermaient 4 p. 100 de macrocarpine.

Le poids de l'extrait à consistance pilulaire, obtenu en concentrant au bain-marie, le liquide brun séparé par filtration des cristaux de macrocarpine est de 43,20 p. 100. Dans cet extrait, 16 parties doivent être attribuées à du glucose qu'on y a dosé par fermentation.

Après avoir épuisé par l'alcool les racines de thalictrum macrocarpum de la manière indiquée plus haut, si on les traite alors par l'eau bouillante jusqu'à ce que ce liquide passe incolore, on obtient encore un extrait aqueux.

Le poids de cet extrait aqueux amené à consistance sèche est de 10, 24 p. 100 ; il est encore proportionnellement plus riche en glucose que l'extrait alcoolique, puisque par la fermentation on a trouvé que cette substance y entrait pour 4,340. En additionnant le glucose fourni par l'épuisement alcoolique, et par l'épuisement aqueux, on voit que les racines de thalictrum renferment 20,340 p. 100 de cette dernière substance.

Après ces deux traitements, par l'alcool d'abord, et par l'eau ensuite, il ne reste plus dans les fibres du thalictrum macrocarpum de substances solubles ; l'éther, la benzine, le chloroforme, l'alcool amylique, passent dessus sans donner aucun résidu appréciable après évaporation.

Le poids total des principes solubles des racines du thalictrum macrocarpum est donc fourni par le poids de l'extrait alcoolique additionné du poids de l'extrait aqueux obtenu en second lieu, il est de 48,70 + 10,24 = 58,94 p. 100.

D'un autre côté le poids du résidu de l'incinération des racines épuisées, différant très peu comme on s'en est assuré, de celui donné par un égal poids de racines non épuisées, on peut, sachant que les racines de thalictrum macrocarpum donnent par incinération 5,50 p. 100 de résidu, riche surtout en carbonates de potasse et de chaux, résumer toutes les observations précédentes dans le tableau suivant :

100 *parties de racines fraiches de Thalictrum macrocarpum renferment* 71,6 *d'eau de végétation.*

---

100 *parties de racines sèches de Thalictrum macrocarpum donnent:*

Eau..........	11,60			
Matières extractives........	58,94	Matières extractives par l'*alcool* d'abord : 48,70	Macrocarpine......	4
			Résine............	1,50
			Glucose...........	16
			Thalictrine........	traces
			Matières extractives	27,20
		Matières extractives par l'*eau* ensuite : 10,24	Glucose...........	4,340
			Matières extractives	5,900
Sels minéraux..	5,50	Bases.	Potasse...........	
			Soude............	
			Magnésie..........	
			Chaux............	
			Fer...............	
			Alumine.........	
		Acides.	Acide carbonique...	
			Acide sulfurique....	traces
			Acide chlorhydrique	id.
			Acide phosphorique.	id.
Fibre végétale..	23,96			
	100,00			

C. *Analogies.* — D'autres racines de thalictrum offriraient sans doute à l'examen chimique des principes analogues à ceux que nous avons signalés dans le thalictrum macrocarpum.

M. le professeur Bureau, avec sa bonté habituelle, nous a mis à même d'examiner les thalictrum de l'herbier du Muséum de Paris, et nous avons recherché d'après la structure des racines, quelles étaient les espèces présentant le plus d'analogies au point de vue chimique avec notre thalictrum pyrénéen. Ce travail eût été facile pour ce qui concerne le principe colorant, malheureusement, les parties souterraines des plantes sont en général mal représentées dans les herbiers, et c'est sur de rares vestiges de racines que notre examen a porté.

Quoi qu'il en soit, on peut penser en se basant sur l'analogie botanique, que les espèces suivantes possèdent des racines d'une constitution chimique probablement semblable à celle des racines du thalictrum macrocarpum; nous mentionnerons le *Thalictrum rutæfolium* Hook. f. et Thoms., le *Thalictrum fœniculaceum* Bunge, le *Thalictrum virgatum* Hook f. et Thoms.

A ces espèces, il faut joindre celles qui avoisinent la thalictrum macrocarpum dans le tableau systématique du genre thalictrum, donné par M. Lecoyer, que nous rapportons dans la partie botanique de cette thèse.

Parmi ces espèces nous citerons entre autres le *Thalictrum Mexicanum* D C., le *Thalictrum podocarpum* H. B. K., et surtout le *Thalictrum longistylum* D C., en un mot les *Physocarpum* en général.

On peut se demander si les thalictrum véritablement tubéreux comme le *Thalictrum anemonoïdes* Michx., le *Tha-*

lictrum debile Buckl., le *Thalictrum tuberiferum* Maxim., le *Thalictrum tuberosum* L., ne renferment pas dans leurs parties souterraines renflées les mêmes principes que ceux des racines du thalictrum macrocarpum.

Ayant eu l'occasion d'étudier le *Thalictrum tuberosum* L., voici ce que l'examen des parties souterraines de cette espèce nous a permis de constater.

Les racines de cette plante sont constituées par une portion grêle, qui se renfle en tubercule.

Dans la partie grêle, on trouve en dehors, alternant avec les quatre faisceaux primaires, des faisceaux vasculaires en forme de V, également au nombre de quatre, entourés d'une zone génératrice étroite. Çà et là dans l'écorce sont disposés des éléments très épaissis, qui sur une coupe longitudinale, se montrent comme formés par des cellules très épaisses allongées, non comparables à des fibres quoiqu'elles soient souvent un peu effilées, présentant des ponctuations très fines partant d'une cavité centrale. On retrouve des cellules analogues dans les parties souterraines de certains *ranunculus*. Ces cellules constituent des îlots plus ou moins nombreux à la périphérie, on en retrouve également dans le cylindre central. Ces éléments épais et les vaisseaux sont teints en jaune au milieu d'un tissu incolore dont ils occupent une très grande partie.

Si nous prenons la partie renflée, on peut remarquer que sa structure est à peu de chose près semblable à celle de la partie grêle. On remarque cependant qu'il n'y a pas de bois continu, mais des groupes isolés épaissis, et on ne voit pas de zone génératrice proprement dite. Ce qui frappe au premier abord, c'est la rangée de cellules épaisses qui viennent doubler la partie extérieure du renflement; celles-ci sont en forme de groupes serrés et forment à la périphérie un cercle très vivement coloré en jaune. Autour des éléments situés dans la moelle, se trouve un centre de prolifération d'éléments cellulaires très-abondants, formant un tissu qui, lui, n'est pas coloré, dans lequel l'iode a décelé la présence de l'amidon.

Sous le rapport de la coloration le thalictrum tuberosum se distingue donc nettement du thalictrum macrocarpum dont le principe jaune réside dans la plupart des éléments.

TROISIÈME PARTIE

TROISIÈME PARTIE

Recherches physiologiques.

Dans les notes botaniques qui se trouvent au commencement de ce travail, nous avons énoncé les propriétés attribuées à divers thalictrum, et constaté qu'on ne leur avait point reconnu les effets suspects propres à beaucoup de Renonculacées : il est pourtant vrai de dire qu'aucune des espèces mentionnées ne fait partie du groupe des Physocarpum. Nos expériences sur l'unique représentant européen de cette section démontrent qu'on peut rencontrer dans le genre thalictrum une action toxique considérable plus ou moins comparable à celle des Aconits. C'est l'exposé de ces expériences que nous donnons dans la troisième partie de notre étude.

Pour arriver à connaître l'action physiologique du thalictrum macrocarpum on a été obligé d'employer le plus souvent l'extrait obtenu avec ses racines ; car, ainsi qu'il a été dit plus haut, nous n'avions à notre disposition qu'une très petite quantité du principe actif de cette plante qui se trouva promptement épuisée dans quelques réactions chimiques. La thalictrine soluble dans l'alcool, insoluble dans l'eau, et les sels de thalictrine solubles dans l'alcool et dans l'eau, présentent avec une rapidité plus grande et avec des doses beaucoup moins élevées les phénomènes physiologiques dus à l'extrait de thalictrum. De plus, l'extrait possède une action locale dont l'alcaloïde et ses sels sont dépourvus.

Pour nos expériences on a préféré l'extrait aqueux à l'extrait alcoolique après avoir observé que le premier à doses égales est plus actif que le second ; on a du même coup éliminé les causes d'erreur qui pourraient résulter de l'action propre de l'alcool dans les expériences sur les batraciens ou les mammifères.

Il n'est pas d'ailleurs inutile d'indiquer ici d'une façon précise la méthode suivie dans la préparation de cet extrait aqueux :

Les racines de thalictrum convenablement concassées ont été mises à macérer avec vingt-cinq fois leur poids d'eau, pendant vingt-quatre heures. La solution filtrée avec soin, a été distillée dans le vide jusqu'à consistance sirupeuse, puis amenée à siccité complète par un séjour prolongé dans une étuve dont la température n'a pas dépassé 45°.

L'extrait sec ainsi obtenu se présente sous forme de masse brune, cassante, d'une saveur amère, avec arrière-goût un peu sucré. Il ne provoque pas dans la bouche la sensation de sécheresse et la constriction du pharynx, que l'on ressent après avoir mâché de la racine de thalictrum macrocarpum.

Cet extrait se redissout dans l'eau complètement et avec rapidité. Les solutions qu'il fournit sont parfaitement neutres et peuvent être titrées très exactement ; toutefois remarquons que ces solutions, comme celles de la plupart des extraits, s'altèrent au bout de quelques jours, il est donc préférable de les préparer au fur et à mesure des besoins de l'expérimentation.

L'extrait qu'on pourrait avoir par décoction est moins actif que l'extrait obtenu par simple macération.

La macrocarpine ne se dépose jamais dans ces extraits amenés à consistance sirupeuse ; on se rappelle qu'au contraire cette substance se dépose, dans les mêmes conditions, au sein des extraits alcooliques.

Des doses considérables de macrocarpine auraient donné peut être certains effets physiologiques ? Mais un gramme de cette substance introduit en solution aqueuse dans la veine saphène d'un chien n'a produit aucun résultat appréciable dans nos expériences, et il en a été de même dans celles que M. le professeur Vulpian a fait avec le même produit. M. Vulpian, ayant placé sous la peau d'une grenouille plus d'un décigramme de macrocarpine en nature, n'a pu constater aucune espèce de phénomène particulier, de sorte que ces résultats négatifs nous ont conduit naturellement à ne plus expérimenter la matière colorante jaune du thalictrum macrocarpum.

La résine fournie par les racines de ce thalictrum et qui est signalée p. 52, est comme la macrocarpine dépourvue également de propriétés toxiques apparentes, ainsi que nous avons pu nous en convaincre par plusieurs expériences sur des grenouilles et des cobayes.

Nous avons aussi recherché sur des grenouilles si l'extrait aqueux des parties aériennes dèsséchées du thalictrum macrocarpum, telles que feuilles, tiges, fruits, et fleurs ne produiraient pas des effets toxiques et le résultat de ces tentatives a toujours été négatif.

§ 1. — ACTION LOCALE DU THALICTRUM MACROCARPUM.

Tout d'abord il est bon de rappeler en quelques mots ce que l'on entend en physiologie par *action locale des substances toxiques ou médicamenteuses*, par opposition à l'*action toxique et aux effets physiologiques* de ces mêmes substances. C'est là un point capital dans l'étude des effets physiologiques d'un agent toxique déterminé, et sur lequel M. Vulpian a depuis longtemps déjà, et non sans raison, appelé l'attention des expérimentateurs.

Afin de bien différencier un effet *local, immédiat*, d'avec une action physiologique, procédons par quelques exemples.

On introduit sous la peau du mollet d'une grenouille deux ou trois gouttes d'acide sulfurique : presque aussitôt, le muscle en contact direct avec le liquide corrosif, puis le segment du membre, puis le membre tout entier deviennent raides, insensibles, inertes. Cependant les autres parties du corps conservent intégralement leur état normal.

Au lieu d'acide sulfurique, insérons sous la peau de la jambe d'une autre grenouille quelques fragments de cristaux de sulfate de cuivre . Les muscles ne deviennent pas aussitôt raides et insensibles comme avec l'acide sulfurique. Mais cet état se produit peu à peu, au fur et à mesure que le sulfate de cuivre se dissout dans les humeurs de l'organisme et que la solution pénètre de proche en proche les tissus, à la façon de l'eau qui imprègne une éponge. Par suite de cette imprégnation les tissus, muscles, nerfs, vaisseaux, ainsi directement et progressivement touchés subissent une altération telle qu'ils perdent leurs propriétés physiologiques. C'est par ce mécanisme, confondu à tort par de nombreux auteurs avec un phénomène d'absorption, que le sulfate de cuivre peut, dans ces conditions, paralyser entièrement une grenouille, sans qu'il ait cependant donné lieu à un véritable phénomène physiologique, ni déterminé une action toxique réelle, car il n'est pas entré dans l'organisme par voie d'absorption.

Si certains auteurs avaient pris en considération la pénération de proche en proche du sulfate de cuivre dans les tissus, et la différence que peuvent présenter les phénomènes qui résultent de l'infiltration de cette substance dans les tissus, suivant qu'elle est introduite sous la peau du dos ou sous celle de l'extrémité d'un membre, ils auraient été amenés à voir que l'arrêt du cœur dans ces expériences tient à la diffusion du sulfate de cuivre de proche en proche jusqu'au cœur, et à l'action locale qui résulte de son contact direct. Ils auraient par suite pris les précautions nécessaires pour se mettre à l'abri d'une pareille cause d'erreur et n'auraient pas classé le sulfate de cuivre parmi les poisons du cœur. On pourrait faire la même remarque pour d'autres agents dont l'action locale a été prise à tort pour des effets physiologiques (1).

Prenons encore un exemple plus palpable que le précédent : un homme avale une certaine quantité d'acide azotique et meurt dans l'espace de quelques heures. Peut-on dire que cet homme a succombé à une intoxication par l'acide azotique? Non, assurément. Sa mort est la conséquence des désordres qu'entraine la désorganisation plus ou moins

(1) Vulpian. — *Étude de pathologie expérimentale sur l'action physiologique des substances toxiques et médicamenteuses*, 2e fascicule, p. 495, 1876.

étendue des tissus par un agent éminemment corrosif. La mort était le résultat d'une désorganisation analogue chez ces suppliciés auxquels, à une époque barbare, on coulait du plomb fondu dans les ouvertures naturelles du corps.

Dans tous ces cas il y a altération ou destruction plus ou moins profondes des tissus de l'économie par l'action directe des agents employés. Il n'y a pas absorption par les voies physiologiques, puis transport de ces agents par le sang dans les différentes parties du corps pour y exercer une action élective sur tel ou tel tissu, sur tel ou tel appareil.

Comparons maintenant ces effets avec ceux que produit la pilocarpine.

Chez l'homme, on fait une injection d'un centigramme d'azotate de pilocarpine, pour le traitement de l'ictère par exemple, comme on l'a essayé récemment à la clinique de l'Hôtel-Dieu. Le malade ressent tout d'abord une légère cuisson au niveau de l'injection. Au bout de cinq à six minutes, il est couvert de sueur, salive et sécrète en quantité notable de la bile du suc pancréatique etc. En même temps que ces phénomènes on observera dans quelques cas des vomissements, des troubles cardiaques sur lesquels nous n'avons pas à insister.

Ici la cuisson passagère du début constitue à elle seule toute l'action locale. Elle est bien peu de chose comme on le voit. L'action physiologique est au contraire extrêmement remarquable tant par son action sur divers appareils sécréteurs que par son influence sur l'appareil respiratoire et circulatoire.

La différence qui existe entre l'action locale et l'action physiologique d'une substance ressort nettement de ces quelques exemples.

On peut définir l'*action locale* d'une substance: celle qui produit de la douleur, de l'irritation inflammatoire, l'altération ou la destruction des tissus avec lesquelles cette substance est en contact.

L'*action physiologique* consiste dans les troubles physiologiques plus ou moins profonds déterminés par les substances médicamenteuses ou toxiques, lorsqu'elles ont pénétré dans la circulation d'un organisme vivant.

Ceci posé, étudions les effets locaux de l'extrait aqueux de thalictrum macrocarpum.

L'extrait aqueux de thalictrum macrocarpum injecté sous la peau des grenouilles détermine une contracture énergique, persistante des muscles en contact avec le liquide. On observe en même temps la décoloration, la pâleur de la peau qui recouvre le segment du membre siège de l'injection. Les cellules pigmentaires irrégulièrement rayonnées, si abondantes et si développées dans le tégument cutané de la grenouille, se contractent sous l'influence de l'extrait de thalictrum comme elles le font avec tant d'agents irritants, et ramassent dans un espace restreint leur matière pigmentaire, ce qui explique le changement de couleur observé.

Si on met à découvert les muscles du membre qui a reçu l'injection, on remarque que le tissu musculaire est décoloré comme la peau. Sans doute parce que l'action directe de l'extrait faisant contracter les petits vaisseaux sanguins prive plus ou moins les muscles de sang. Et ceux-ci se contractent à leur tour par l'effet immédiat de l'irritation elle-même. Peut-être aussi se contractent-ils secondairement par l'effet de l'anémie qui résulte du resserrement des petits vaisseaux.

A l'examen microscopique on voit que les stries transversales des muscles sont moins nettes qu'à l'état normal, et que le faisceau musculaire a pris un aspect finement pointillé, comme légèrement sablé.

Les deux expériences suivantes mettent en relief la plupart des faits que nous venons de rapporter.

Expérience I. — Grenouilles vertes. 11 h. Deux grenouilles vertes nº 1, nº 2, de taille moyenne et très vigoureuses, reçoivent chacune dans la peau de la jambe une injection d'un centigramme d'extrait de thalictrum obtenu comme il a été dit plus haut p. 84.

11 h. 5 m. Les deux animaux s'agitent vivement dans le bocal où ils sont placés. La jambe et le pied sont manifestement contracturés chez la grenouille nº 1.

La grenouille nº 2 ne présente qu'une paresse des mouvements dans le membre qui a reçu la substance. Cet état se maintient pendant plusieurs heures. L'affaissement s'accentue sur les deux sujets, leurs pupilles sont dilatées

5 h. La grenouille nº 1 conserve toujours la contracture du membre sur lequel l'injection a été faite.

5 h. 30 m. La résolution est générale sur la grenouille nº 2, qui ne tarde pas à mourir.

6 h. 20 m. La grenouille nº 1 succombe à son tour. La contracture de la jambe a disparu.

L'expérience suivante est encore plus démonstrative que les précédentes.

Expérience II. — Grenouille verte vigoureuse, de moyenne taille, 9 h. 30 m. On injecte sous la peau de la cuisse droite deux centigrammes d'extrait aqueux de thalictrum.

9 h. 35 m. Les muscles de la cuisse sont contracturés et présentent au toucher une grande résistance. Cette contracture force le membre à se mettre presque à angle droit avec l'axe du corps. Toute la peau qui enveloppe la cuisse injectée est devenue pâle, et sa couleur tranche nettement sur la peau de la jambe et du pied correspondant qui est noirâtre ainsi que le reste du tégument cutané.

10 h 30 m. Les mêmes phénomènes persistent; l'animal est encore assez vigoureux et progresse en traînant le membre siège de l'injection. Les pupilles sont dilatées.

1 h. 30 m. L'animal est considérablement affaibli, en résolution à

à peu près complète. Quand on pince un orteil, on n'observe aucune espèce de mouvement, pas plus dans le membre pincé que dans les autres membres. Les cornées sont encore sensibles et la contracture des muscles de la cuisse droite persiste.

2 h. Cette contracture a diparu ; les deux membres inférieurs restent parallèles et en résolution complète. La grenouille mise sur le dos reste sans mouvement dans cette position. Les cornées ne sont presque plus sensibles. Le cœur bat dix fois par minute avec une grande faiblesse.

On met alors à nu les muscles de la cuisse gauche, et on constate avec la pince de Pulvermacher que l'excitabilité quoique diminuée persiste encore, tandis que les muscles de la cuisse droite qui ont subi le contact direct de l'extrait sont incapables d'être mis en mouvement par le même courant électrique. Le nerf sciatique gauche excité à son tour réagit moins bien qu'à l'état normal ; le sciatique droit ne produit qu'un mouvement presque imperceptible dans un seul orteil, quand on l'excite par le courant de la pince électrique.

2 h. 30 m. L'animal semble mort, les cornées sont tout à fait insensibles ; le cœur mis à nu se contracte encore mais rarement il n'a que des contractions vermiculaires.

2 h. 40 m. Le cœur est arrêté, la grenouille est morte.

On peut aussi en lisant l'expérience X, se rendre compte de l'action locale de l'extrait de thalictrum macrocarplum.

Étudions maintenant d'une façon plus précise ce que devient la contractilité musculaire chez les grenouilles auxquelles on injecte l'extrait de notre plante.

Chez ces animaux, l'excitabilité des muscles du segment du membre qui reçoit l'injection d'extrait a diminué assez rapidement, comme le démontrent les tracés myographiques des expériences suivantes (Exp. III, exp. IV) ainsi que les expériences II et X ,dans lesquelles on a électrisé les muscles avec la pince de Pulvermacher.

Expérience III. — Grenouille verte à l'état normal fixée sur le myographe, pour enregistrer les contractions d'un muscle gastro-cnémien. Le cylindre enregistreur fait un tour par minute. Un interrupteur électrique laisse passer le courant d'un appareil faradique pendant un temps qui est indiqué par l'appareil de Deprez, de sorte que l'on voit sur les tracés le moment de la fermeture et de l'ouverture du courant et la contraction du muscle qui a eu lieu à ce dernier moment.

4 h. 30 m. Premier tracé normal. Les contractions musculaires ont une hauteur de dix millimètres. Ces contractions normales ont la hauteur qu'elles atteignent d'ordinaire.

4 h. 40 m. On met les muscles en expérience, en contact avec trois centigrammes d'extrait de thalictrum dissous dans de l'eau distillée, et l'on prend immédiatement un second tracé pendant trois minutes. On remarque que les contractions n'ont guère diminué de force ; les courbes qu'elles figurent sont encore égales à neuf millimètres.

4 h. 50 m. Nouveau tracé qui dure deux minutes. Les courbes des contractions musculaires ne sont plus que de huit millimètres.

5 h. 5 m. Quatrième tracé pris pendant deux minutes. Les courbes des contractions musculaires n'atteignent plus que six à sept millimètres.

5 h. 30 m, On prend un dernier tracé qui dure encore deux minutes. La contraction musculaire donne une courbe de cinq millimètres ; juste la moitié de la hauteur qu'elle était sur le premier tracé normal. La grenouille en ce moment est déjà en complète résolution musculaire. Les muscles du membre postérieur du côté opposé ont conservé leur contractilité à peu près normale.

On voit par cette expérience que l'extrait de thalictrum affaiblit considérablement et directement la contractilité des muscles avec lesquels il est mis en contact, tandis que cette irritabilité n'est pas sensiblement modifiée dans le membre du côté opposé, bien que cependant l'animal soit fortement intoxiqué puisqu'il est dans un état de collapsus complet.

L'expérience suivante, montre que cet affaiblissement par action directe va jusqu'à l'abolition de la propriété musculaire puisqu'elle démontre l'absence entière de réaction du muscle sous l'influence de l'excitation électrique, tandis que l'animal mortellement empoisonné a conservé sa contractilité dans les autres parties du corps.

Expérience IV. Grenouille mâle vigoureuse.

Cette expérience est faite dans les mêmes conditions que la précédente, avec cette différence que le cylindre fait trois tours par minute.

3 h. 50 m. On prend un premier tracé normal qui donne de belles courbes des contractions égalant en hauteur treize millimètres.

4 h. On injecte sous la peau qui recouvre le muscle gastro-cnémien qui est en expérience, six centigrammes d'extrait dissous dans l'eau distillée. Une bonne partie de ce liquide regorge de dessous la peau du membre et le baigne extérieurement.

4 h. 5 m. On prend un second tracé. L'énergie des contractions musculaire a augmenté, on mesure seize millimètres d'élévation de la courbe des contractions.

4 h. 10 m Les contractions musculaires sur un troisième tracé donnent un amplitude égale à douze millimètres en moyenne.

4 h. 30 m. Sur un quatrième tracé les contractions ne sont plus que de neuf millimètres.

4 h. 40 m. Les contractions ne sont plus que de huit millimètres sur le cinquième tracé.

5 h. Sixième tracé. Les contractions sont de cinq millimètres seulement.

5 h. 20 m. Septième tracé. Les contractions sont égales à deux millimètres.

5 h. 40 m. Huitième et dernier tracé, qui montre que les contractions n'atteignent même plus un millimètre, quelques contractions sont si faibles qu'elles sont à peine indiquées sur le tracé myographique. Ce tracé continué jusqu'à 5 h. 45 m. permet de constater qu'il n'existe plus de contractilité musculaire.

La grenouille enlevée à ce moment de dessus le myographe est en parfaite résolution musculaire, elle présente une forte contracture du membre injecté. La contractilité musculaire persiste dans le gastro-cnémien du membre postérieur du côté opposé qui n'a pas subi le contact direct de de l'extrait de thalictrum.

Le cœur mis à nu se contracte d'une façon incomplète.

6. Le cœur a cessé de battre.

Dans l'expérience II on a constaté la disparition presque complète de l'excito-motricité du nerf sciatique du membre qui avait reçu l'injection d'extrait, et on a trouvé que cette propriété était aussi légèrement atteinte sur le sciatique du membre opposé. Dans le premier cas c'est réellement a l'action locale de notre substance sur les nerfs qu'il faut attribuer la perte de l'excito-motricité, mais dans le second cas la diminution de cette propriété est le fait de l'action physiologique du thalictrum macrocarpum. L'expérience X, p. 101, démontre encore d'une manière plus évidente l'action directe de l'extrait de thalictrum sur les nerfs.

Si l'extrait de thalictrum macrocarpum a une action locale sur la peau, les muscles et les nerfs, il est naturel de penser qu'il agit pareillement sur le muscle cardiaque. Voici du reste, à ce sujet, une expérience dans laquelle on a versé de l'extrait de thalictrum sur le cœur mis à découvert.

Expérience V. — Grenouille mâle de moyenne taille.

3 h. On met le cœur à nu et on compte qu'il bat 60 fois par minute. Cet organe est bien développé, les battements sont énergiques.

On laisse tomber dessus quelques gouttes d'une solution d'extrait aqueux de thalictrum, immédiatement le volume du cœur diminue, les mouvements deviennent faibles.

3 h. 10 m. Le cœur présente des contractions de plus en plus faibles, il se ride transversalement.

On ne peut pas compter les contractions du ventricule parce qu'elles sont douteuses, mais les oreillettes se contractent visiblement et donnent 40 pulsations par minute. Il semble bien cependant que de temps en temps on observe une contraction de la base des ventricules.

3 h. 50 m. On voit arriver le sang dans la cavité ventriculaire qui se contracte 28 fois par minute; l'animal a conservé ses mouvements spontanés.

4 h. On laisse tomber de nouveau 3 gouttes d'extrait sur le cœur.

4 h. 20 m. Les battements de cet organe sont tombés à 24 par minute.

4 h. 30 m. Ils ne sont plus que de 20.

4 h. 40 m. Les battements du cœur, presque imperceptibles, sont de 18 par minute.

La résolution musculaire est presque complète; la grenouille a conservé des mouvements réflexes; ceux de la respiration ne sont plus que d'un par minute.

5 h. Plus de mouvements respiratoires; plus de mouvements réflexes; prostration complète; les battements du cœur sont imperceptibles.

5 h. 5 m. Arrêt du cœur, l'animal est mort.

Dans cette expérience, on voit que, aussitôt que l'on a versé quelques gouttes d'extrait de thalictrum sur le cœur, les contractions de cet organe ont été affaiblies et moins fréquentes. Il semble donc que l'action locale qui vient d'être constatée sur les muscles des membres s'exerce également sur le cœur. Cependant on pourrait objecter que cet effet résulte d'une absorption de la substance par le cœur, de sorte qu'il n'y aurait là en réalité qu'un phénomène physiologique d'absorption, lequel se serait produit très rapidement parce que l'agent toxique a été immédiatement absorbé par l'organe.

Il est donc nécessaire de chercher ce que devient le cœur sur une grenouille intoxiquée par injection hypodermique d'extrait de thalictrum macrocarpum, faite loin de l'organe de la circulation, alors que l'animal est en résolution paralytique plus ou moins avancé. Tel est le but de l'expérience suivante.

Expérience VI. — Grenouille verte.

12 h. 45 m. On fait une injection de 2 centigrammes d'extrait sous la peau du mollet de la jambe gauche.

Le cœur mis à découvert bat 50 fois par minute.

12 h. 50 m. Cet organe s'est un peu ralenti, il ne bat plus que 48 fois par minute. On constate de la raideur dans le membre qui a reçu l'injection; les pupilles sont dilatées.

1 h. 10. Le cœur bat 47 fois par minute.

2 h. Les battements sont au nombre de 30 par minute, le cœur se contracte d'ailleurs bien dans toutes ses parties.

2 h. 20. Les mouvements du cœur sont devenus très faibles; ils sont au nombre de 20 par minute. La grenouille est en résolution.

3 h. 15 m. Les mouvements du cœur sont imperceptibles.

3 h. 43 m. On ne voit plus aucune espèce de mouvement. L'animal est mort.

Comparativement à cette expérience on en a fait une autre, expérience VII, pour bien montrer que l'extrait de Thalictrum agit localement sur le cœur.

Expérience VII. — Grenouille verte.

11 h. 35 m. On met le cœur à nu et on constate qu'il bat 48 fois par minute.

12 h, 40. On laisse tomber goutte à goutte sur cet organe 2 centigrammes d'extrait de thalictrum dissous dans de l'eau distillée.

Immédiatement le cœur éprouve un léger arrêt, il reprend ensuite son mouvement d'une façon moins vigoureuse.

12 h. 45 m. Le cœur bat toujours 48 fois par minute, mais le ventricule ne se contracte pas à chaque battement des oreillettes.

12 h. 50 m. Le cœur ne bat plus que 40 fois par minute ; le ventricule paraît presque exsangue.

1 h. 20 m. Le cœur bat 36 fois par minute.

2 h. 30 m, On ne compte plus que 20 mouvements par minute; le ventricule se contracte d'une façon très incomplète.

3 h. 30 m. On ne voit plus que les oreillettes se contracter 18 fois par minute; l'animal est en complète résolution musculaire.

4 h Les battements des oreillettes sont au nombre de 16 par minute; le ventricule reste immobile.

4 h. 30 m. On n'observe plus que des contractions vermiculaires sur les oreillettes; le ventricule est toujours très pâle et inerte.

5 h. Le cœur est absolument sans mouvement.

Il est donc bien démontré que le ralentissement des mouvements avec pâleur du ventricule, qui surviennent aussitôt que l'on a versé de l'extrait de thalictrum macrocarpum sur le cœur mis à découvert, sont réellement dus à une action directe. Car dans l'expérience comparative pour laquelle on a injecté sous la peau d'une jambe de l'extrait de thalictrum, on a vraiment observé un ralentissement du cœur au bout de trois heures par suite d'une action physiologique sur laquelle nous reviendrons (p. 164); mais il faut remarquer qu'en aucun moment le ventricule cardiaque n'est devenu pâle, exsangue comme dans les cas où l'extrait était en contact immédiat avec lui. Il faut enfin noter la persistance des contractions auriculaires chez la grenouille qui a reçu directement sur la cœur l'extrait de thalictrum, tandis que le cœur en entier s'affaiblit graduellement dans le cas d'injection hypodermique. Il est encore intéressant de faire observer que l'intoxication générale a été plus lente à se produire dans l'expérience VII que dans l'expérience VI.

Chez les mammifères supérieurs comme le chien, l'action irritante de l'extrait donné par injection hypodermique s'est fréquemment manifestée, lors même que la dose a été insuffisante pour déterminer la mort, par des abcès *in loco* qui se développent dans l'espace de vingt-quatre à trente-six heures. La peau au niveau de l'injection n'est pas désorganisée ainsi qu'on l'observe avec la conine par exemple. Les abcès souvent volumineux se développent dans le tissu sous-cutané. Dans certains cas on a dû les ouvrir avec le bistouri ; d'autres fois quand ils étaient moins considérables, ils ont ont été abandonnés à eux-mêmes et la résorption s'est faite sans autre accident.

Au moment même de l'injection, les chiens grattent vivement à de nombreuses reprises les parties de leur corps mises en contact avec l'extrait, et quelquefois ils font entendre des gémissements plaintifs. Les expériences VIII et IX, mettent ces faits en évidence.

Expérience VIII. — Chien Rs. bull-terrier, du poids de 15 kilogrammes.

3 h. 30 m. On injecte à cet animal, 1 gramme environ d'extrait de thalictrum macrocarpum en deux points du corps différents, dans la région lombo-abdominale gauche et dans la cuisse du même côté.

3 h. 40 m. L'animal est triste, il s'est couché; il ne présente d'ailleurs aucun phénomène, si ce n'est que les muqueuses labiales sont fortement décolorées; il ne salive pas. De temps en temps il se lève, contracte vivement ses peauciers et se grattte vigoureusement au niveau des points injectés.

4 h. L'animal est encore triste et abattu, il refuse de manger sa ration du soir.

Le lendemain; ce chien ne présente pas d'autres phénomènes qu'un léger empâtement siégeant aux points injectés qui sont assez sensibles.

Le surlendemain l'animal n'offre plus aucun indice de l'injection et il n'en a pas davantage les jours suivants.

Cette expérience nous montre l'animal se grattant vigoureusement au niveau des points où l'on vient de faire l'injection, puis le lendemain présentant de l'empâtement au même niveau.

On ne saurait dire que la piqûre faite avec le fin trocart de la seringue à injection hypodermique soit la cause de pareils symptômes, car on sait que ce traumatisme à lui seul ne produit jamais de semblables phénomènes. Ces phénomènes sont donc évidemment dus à l'action de l'extrait de thalictrum, aussi bien dans cette expérience que dans la suivante où les effets locaux de l'extrait sont beaucoup plus accusés.

Expérience IX. — Jeune chien de chasse, du poids de 5 kilogrammes.

2 h. On fait à cet animal trois injections hypodermiques avec 1 gramme d'extrait de thalictrum macrocarpum, l'une à droite, l'autre à gauche de la colonne vertébrale dans la région dorsale, la troisième à la cuisse gauche ; après ces injections le chien pousse quelques gémissements plaintifs et se gratte pendant plusieurs minutes avec la patte droite postérieure en restant reposé sur son train postérieur.

2 h. 30 m. L'animal est calme et ne manifeste aucune espèce de malaise ; il est attentif lorsqu'on l'appelle.

4 h Le chien s'est couché ; il respire fréquemment ; son pouls est à 200.

4 h. 10 m. Il vomit abondamment en une seule fois une quantité très notable d'aliments ; après ce vomissement il est devenu triste et paraît sommeiller ; cet état a persisté jusqu'au soir.

Le lendemain. l'animal paraît un peu fatigué ; il mord quand on essaye de porter la main aux endroits où l'extrait de thalictrum a été injecté.

On remarque d'ailleurs en ces points une légère tuméfaction ; le chien traîne un peu la patte gauche où une injection avait eu lieu.

Le troisième jour on perçoit nettement de la fluctuation au niveau des points, siége de l'injection.

Une incision donne passage à un pus épais un peu fétide.

Ce chien s'est très bien remis et a pu servir à de nouvelles expériences.

Ainsi l'injection d'un gramme d'extrait a fait pousser des gémissements plaintifs à l'animal qui s'est ensuite gratté pendant plusieurs minutes. Il faut répéter ici pour les gémissements ce que l'on a dit pour le grattage dans l'expérience VIII.

L'hyperesthésie qui siége le lendemain au niveau de l'injection, ainsi que la tuméfaction et la parésie du membre qui l'accompagnent, ne sont pas non plus, pour les mêmes raisons, le fait d'une piqûre, d'un traumatisme insignifiant, mais bien la conséquence des propriétés irritantes de la substance employée Il en est de même des abcès que l'on a dû ouvrir et dont l'animal a d'ailleurs parfaitement guéri.

L'action locale irritante de l'extrait de thalictrum macrocarpum serait un obstacle sérieux à son emploi thérapeutique par la voie hypodermique, heureusement que la thalictrine et les sels de cet alcaloïde, partie active des racines de la plante dont nous étudions l'action sur l'économie, ne présentent pas cet inconvénient ainsi qu'on peut le voir dans plusieurs expériences qui sont rapportées plus loin (p. 103, 104, 105, 111).

§ 2. — Action physiologique du thalictrum macrocarpum.

On vient de voir que l'extrait de thalictrum macrocarpum possède une action locale dont il faut tenir compte quand on veut rechercher ses effets physiologiques. Il est bon de faire remarquer que dans nos expériences, on s'est mis en garde contre cette cause d'erreur en employant des solutions étendues d'eau qui ne produisent plus sur les grenouilles les phénomènes irritants notés ci-dessus, c'est-à-dire les contractures et la décoloration des membres et finalement la perte de la contractilité musculaire. Il était surtout indispensable d'éviter cette cause d'erreur quand on a eu à étudier l'action de cette substance sur le cœur, et de ne pas se servir dans les injections intra-veineuses de solutions possédant une action locale capable d'amener des troubles cardiaques lorsque, entraînées par la circulation, elles viendraient en contact avec l'endocarde. D'ailleurs, comme on le voit par les expériences XIV, XVI, XX, XXX, les effets sur l'organe de la circulation sont restés les mêmes dans les injections hypodermiques et dans les injections intra-veineuses, les phénomènes toxiques sont apparus seulement beaucoup plus vite dans le second cas que dans le premier, comme on pouvait s'y attendre.

Pour arriver à préciser l'action physiologique du thalictrum macrocarpum, nous avons poursuivi notre étude expérimentale dans quelques cas avec les sels de thalictrine (exp. XI, XII, XIII, XVIII), le plus souvent avec l'extrait de thalictrum. Elle a été faite sur des grenouilles et sur des mammifères tels que le chien. En voici l'exposé.

A. — *Action toxique.*

Le pouvoir toxique de l'extrait des racines du thalictrum macrocarpum varie en intensité suivant que l'on emploie cet extrait en nature ou bien son principe actif, la thalictrine soit pure, soit combinée à l'acide sulfurique ou à l'acide chlorhydrique pour former des sels solubles dans l'eau. En effet, ainsi que nous l'avons dit dans les quelques lignes consacrées aux propriétés de cette substance, on se rappelle qu'elle est insoluble dans l'eau. Elle est soluble dans l'alcool, mais pour ne pas avoir à tenir compte de l'action de l'alcool dans les expériences délicates faites sur les grenouilles, on a préféré employer les sels de thalictrine solubles dans l'alcool et dans l'eau.

Chez la grenouille, la dose d'extrait inséré sous la peau et nécessaire pour déterminer la mort est de *un*, *deux* ou *trois centigrammes* ; l'animal meurt dans l'espace de trois ou quatre heures.

L'action toxique de cette substance est mise en évidence dans l'expérience 1 et surtout dans l'expérience II où l'on a injecté deux centigrammes d'extrait. L'expérience X, que voici, démontre encore l'action toxique de l'extrait aqueux de thalictrum macrocarpum.

Expérience X. — Grenouille verte vigoureuse.

3 h. Par une injection hypodermique faite sous la peau de la jambe gauche, on introduit 1 centigramme d'extrait dissous dans 1 centigramme d'eau distillée.

3 h. 20 m. L'animal présente une contracture peu accentuée des muscles du membre injecté ; il est encore assez vigoureux et se meut facilement dans le bocal où il a été placé.

3 h. 30 m Même état.

3 h. 40 m. La grenouille excitée par le pincement d'un orteil remue à peine.

Le cœur bat régulièrement.

4 h. La contracture de la jambe gauche persiste et n'a point augmenté ; on peut presser jusqu'à les écraser, les orteils de ce membre sans que la grenouille fasse des mouvements ; la peau de la jambe, siège de l'injection est devenue pâle ; l'animal se déplace encore quand on pince la patte droite.

4 h. 25 m. Même état ; l'animal paraît en outre beaucoup affaibli ; ses pupilles sont dilatées.

4 h. 30 m. L'animal fait quelques mouvements spontanés, difficiles, en rampant pour ainsi dire sur le fond du bocal.

4 h. 50 m. La sensibilité est nulle dans les membres inférieurs de l'animal;

on commence à pouvoir les étendre sans qu'il les ramène tout à fait vers le tronc.

5 h. 20 m. La résolution musculaire est à peu près complète.

A ce moment on recherche l'état de l'excitabilité musculaire sur les deux membres inférieurs de la grenouille ; la masse gastro-cnémienne mise en contact avec le liquide de l'injection hypodermique, ne se montre pas sensible à l'excitation électrique ; au-dessus et au-dessous la contractilité musculaire persiste, quoique très diminuée ; le gastro-cnémien du côté droit est excitable par la pince de Pulvermacher, beaucoup moins que chez une grenouille saine ; enfin les deux sciatiques sont mis à nu, et il est facile de constater une diminution considérable de l'excitabilité, sur le sciatique du membre gauche où l'injection a eu lieu, on observe en outre que le sciatique du membre sain réagit moins bien qu'à l'état normal.

5 h. 40 m. L'animal est toujours dans le même état de collapsus ; des mouvements de paupières, provoqués par le pincement d'une patte, indiquent cependant qu'il n'est pas mort.

6 h. 10 m. L'animal n'a plus aucune espèce de mouvement, il est mort.

Les solutions alcooliques de thalictrine injectées sur des grenouilles sont très toxiques pour ces animaux, comme nous avons pu nous en convaincre, pendant la préparation de cet alcaloïde, par diverses expériences sur des grenouilles. Mais on a préféré rechercher la puissance toxique de cette substance combinée aux acides, ces combinaisons étant parfaitement solubles dans l'eau, tandis que l'alcaloïde n'est point soluble dans ce véhicule.

On verra d'après les expériences suivantes que les sels de thalictrine, sans être actifs à aussi faible dose que les sels d'aconitine par exemple, possèdent néanmoins une énergie considérable.

Le sulfate et le chlorhydrate de thalictrine sont les composés dont on a recherché méthodiquement l'action physiologique. On peut dire pourtant dès à présent que l'azotate et le tartrate de thalictrine possèdent également une puissance toxique remarquable, ainsi que l'ont démontré quelques expériences rapides, faites sur des grenouilles par injection hypodermique de l'un ou l'autre de ces deux derniers sels.

Expérience XI. — Grenouille verte de forte taille, très vigoureuse.

3 h L'animal reçoit en injection hypodermique dans la jambe gauche un milligramme de *chlorhydrate de thalictrine*, dissous dans cinq millimètres cube d'eau distillée.

3 h. 10 m. La grenouille comme engourdie, garde l'attitude normale; elle se laisse pousser dans tous les sens, du bout du doigt, sans faire aucun mouvement spontané.

L'animal ramène ses membres inférieurs contre son corps quand on les en écarte.

3 h. 20 m. Absolument le même état. On constate de plus, la dilatation des pupilles.

3 h 30 m. La sensibilité est un peu obtuse, le pincement d'une patte est facilement supporté par la grenouille qui ne s'agite pas sous l'influence de cette excitation. Elle ne fait aucune espèce de mouvement spontané; elle est toujours dans l'attitude propre à ces batraciens.

3 h 50 m. La sensibilité est encore plus émoussée, l'animal reste toujours comme pelotonné, ramassé sur lui-même sans faire aucun mouvement.

Le lendemain la grenouille présente le même aspect. La sensibilité semble revenue car l'animal fait quelques mouvements sous l'influence de la douleur lorsqu'on lui pince un membre; il parait d'ailleurs très affaibli.

Le surlendemain la grenouille est encore affaiblie mais elle fait des mouvements spontanés et sa sensibilité est devenue à peu près normale.

Le quatrième jour, après l'injection, la grenouille est trouvée morte le matin.

On peut voir, d'après cette expérience, que le chlorhydrate de thalictrine ne possède pas d'action locale manifeste comme l'extrait de thalictrum, car on n'a pas observé au niveau de l'injection la contracture des muscles ainsi que la pâleur de la peau produite par cette dernière substance.

On remarque encore que le pouvoir toxique de ce sel de thalictrine à la dose de un milligramme n'est pas comparable à l'énergie des sels d'aconitine donnés à la même dose, car on sait qu'il suffit de 1/200e de milligramme d'azotate d'aconitine, par exemple, pour tuer une grenouille.

Dans l'expérience ci-dessus, la grenouille qui a reçu la substance toxique n'est morte que le quatrième jour après l'empoisonnement, alors qu'elle avait récupéré ses fonctions normales dès le surlendemain de l'injection. Nous n'oserions supposer qu'elle est morte des suites de l'intoxication.

L'expérience XII, faite encore sur une grenouille à laquelle on injecte sous la peau deux milligrammes de sulfate de thalictrine est plus concluante.

EXPÉRIENCE XII. — Grenouille verte.

3 h. 30 m. On injecte, sous la peau de la jambe droite, deux milligrammes de *sulfate de thalictrine* dissous dans dix millimètres cube d'eau distilée.

3 h. 35 m. L'animal est immobile et n'offre rien de particulier quand on l'excite en le piquant avec une épingle il se déplace avec facilité mais sans faire de bond.

3 h. 40 m. Il est devenu presque insensible; la colonne vertébrale présente une saillie exagérée au niveau de l'articulation sacro-lombaire, ce qui donne à l'animal une physionomie spéciale.

3 h. 45. On pince vigoureusement un orteil de la patte droite, sans que la grenouille ait aucun mouvement, à part pourtant les mouvements des globes oculaires qui remuent à chaque pincement.

3 h. 50 m. La résolution musculaire est très accentuée. L'animal laisse ses membres dans la position où on les place. Il a les pupilles dilatées.

3 h. 52 m. Le nerf sciatique droit, mis à découvert et excité avec une forte pince de Pulvermache, provoque des mouvements dans les orteils correspondants, les muscles se contractent bien.

3 h. 54 m. On ne voit plus le cœur battre quand on examine ses mouvements en regardant la pointe du sternum; la grenouille ferme encore ses paupières quand on touche la cornée.

4 h. 20 m. Le nerf sciatique n'est plus excitable à la pince de Pulvermacher.

4 h. 25 m. Les cornées sont insensibles. L'animal est mort.

Donnons encore une expérience pratiquée avec le chlorhydrate de thalictrine injecté cette fois à la dose de deux milligrammes.

Expérience XIII. — Grenouille verte bien portante, de moyenne taille.

2 h 10 m. On fait dans la jambe gauche une injection hypodermique de deux milligrammes de *chlorhydrate de thalictrine*, dissous dans dix millimètres cubes d'eau distillée.

Placé aussitôt dans un bocal et mis sur le dos, l'animal reste une minute dans cette position puis reprend son attitude normale.

2 h. 23 m. La sensibilité est déjà très obtuse ; la grenouille ne bouge pas quand on lui pince un orteil mais elle ramène ses membres inférieurs vers le tronc quand on les écarte de leur position habituelle.

2 h. 25 m. La résolution musculaire est presque complète ; quand on soulève l'animal par une patte antérieure, tout son corps pend comme un vrai chiffon. Il a les pupilles très dilatées.

Avec la pince de Pulvermacher on constate sur les deux membres inférieurs que les muscles se contractent encore. mais que leur contractilité est diminuée ; les nerfs sciatiques ont également perdu une partie de leur excitabilité.

L'animal a toujours ses pupilles dilatées.

2 h. 37 m. Le cœur mis à découvert ne bat plus que d'une façon douteuse ; les cornées sont encore sensibles. Le cœur excité avec le courant fourni par la pince de Pulvermacher ne se contracte pas mieux. Quelques contractions vermiculaires du ventricule ont encore lieu.

2 h. 40 m. L'animal est mort.

Par les trois expériences précédentes et par l'expérience XVIII, on peut voir que les sels de thalictrine ne possèdent pas l'action locale manifeste, propre à l'extrait de thalictrum macrocarpum. On voit aussi que l'action physiologique de ces sels est identique avec celle de l'extrait de la plante en question.

Toujours, d'après ces expériences, les sels de l'alcaloïde du thalictrum macrocarpum sont mortels pour les grenouilles à la dose de *deux à cinq milligrammes*, dans un espace de temps qui varie entre trente et quarante minutes.

On sait que quelques substances agissent à la manière des poisons, lorsqu'on les expérimente sur des vertébrés inférieurs comme les batraciens, tandis qu'elles ne sont pas toxiques pour des vertébrés supérieurs comme le chien. C'est ainsi que dans ces derniers temps, au laboratoire de M. Vulpian, M. Bochefontaine (1) a observé cette différence d'action avec l'extrait de l'écorce d'un arbre originaire du Brésil, le *Pao-Pereira*, *Geissospermum lœve* H. Bn. Il a vu que le principe actif de cette Apocynée est mortel pour la grenouille et ne produit pas de troubles physiologiques bien évidents chez le chien.

On aurait donc pu supposer que l'extrait de thalictrum macrocarpum pourrait se comporter de la même manière. Mais les expériences VIII et IX qui précèdent nous montrent déjà que l'extrait de cette plante agit sur le chien ; les expériences XIV, XV, XVI, etc, que nous allons rapporter parlent dans le même sens et concourent avec elles, pour démontrer surabondamment que cet extrait porte ses effets aussi bien sur les animaux à sang chaud que sur les animaux à sang froid.

Il ne nous a pas été donné de pouvoir expérimenter les sels de thalictrine sur des mammifères comme le chien, le lapin, etc, l'extrait de thalictrum macrocarpum a donc seul été employé dans les expériences sur ces animaux.

Il a fallu leur injecter sous la peau une dose de *trois* à *quatre grammes* d'extrait pour amener la mort dans un intervalle qui a varié entre trois et six heures, comme on peut le voir par l'expérience suivante et les expériences — XX, XXIII etc.

Expérience XIV — Chien loulou, du poids de 8 kilogrammes. — Température centrale, 38°,5. — Pulsations de l'artère fémorale 108 par minutes. — Respirations, 20 par minute.

2 h On fait à cet animal une injection hypodermique de trois grammes d'extrait de thalictrum.

(1) Comptes-rendus des séances de la Société de Biologie, 1879.

2 h. 5 m. Défécation demi solide, le chien semble chercher à boire, on lui donne de l'eau, il boit. Il frissonne.

2 h. 10 m. Il boit de nouveau et se couche. On compte qu'il a par minute 200 pulsations et 40 mouvements respiratoires. Température rectale de 38°2.

2 h 30 m. L'animal bâille, il se retire dans un coin et commence à entrer dans un état de torpeur.

2 h. 40 m. On l'enlève de son coin pour mieux l'observer ; il est pris alors de nausées ; il vomit un peu et se recouche.

3 h. Il est somnolent, comme pris d'une espèce de coma vigil, il reste toujours couché.

2 h. 30 m. L'animal est très affaibli. Son pouls est très faible, très fréquent, irrégulier et impossible à compter. Il a par minute 40 respirations qui sont régulières.

4 h. 30 m. Les pupilles sont très dilatées Le chien est incapable de se tenir sur ses jambes, on compte 210 pulsations par minute. Les mouvements respiratoires atteignent le nombre de 60 par minute. La température est de 37° ; le sphincter anal est tout à fait relâché.

5 h, Le chien se relève, fait quelques pas chancelants et se laisse tomber comme une masse inerte au point que son corps choque le parquet avec bruit.

La sensibilité est abolie dans les membres et presque entièrement disparue à la face. où elle ne se traduit que par quelques clignements des paupières quand on irrite la conjonctive. On peut brûler le nez de l'animal sans qu'il réagisse.

5 h. 30 m. L'animal est étendu et semble mort. On le remue, et on s'aperçoit qu'il respire encore. Il a alors une trentaine de respirations saccadées très profondes, distantes les unes des autres.

5 h. 40 m. Le cœur très irrégulier s'arrête de temps en temps pendant plus d'une minute ; quelquefois, il reprend après quelques-unes des respirations profondes que nous venons de signaler. La respiration et les mouvements cardiaques continuent ainsi d'une façon très irrégulière jusqu'à 6 h. 20 m. On constate alors que l'animal est mort.

Pour cette expérience, la substance a été introduite dans l'économie par la méthode hypodermique. Elle produirait sans doute les mêmes effets si on la portait dans l'organisme par une autre voie. C'est ce que démontre du reste la suite de nos recherches.

A la dose d'*un* à *deux grammes* en injection intra-veineuse, l'extrait aqueux de thalictrum macrocarpum expérimenté sur des mammifères, comme le chien et le lapin, a déterminé leur mort au bout de cinq à quinze minutes environ.

Expérience XV (faite au laboratoire de clinique de l'Hôtel-Dieu). — Jeune chien de chasse presque adulte, du poids de 17 kilogrammes.

11 h. Injection de 2 grammes d'extrait de thalictrum dans une veine saphène.

11 h. 3 m. L'animal chancelle, expulse d'abondantes matières fécales diarrhéiques colorées en vert par la bile.

On ne sent plus le cœur battre ; le pouls est impossible à trouver sur l'artère fémorale.

La respiration continue encore pendant deux minutes ; contracture générale ; l'animal meurt ; la contracture cesse aussitôt.

11 h. 10 m. Immédiatement après la mort, le nerf sciatique excité avec l'appareil à chariot de Siemens et Halske donne des mouvements à 15, 25, 35 centimètres d'écartement, à 40 il n'en donne pas.

Les muscles excités à leur tour ne se contractent franchement qu'à 20 centimètres d'écartement ; à 25 ils se contractent d'une façon douteuse.

11 h. 15 m. Le sciatique est sectionné ; le bout central ne donne rien à 15 centimètres d'écartement ; le bout périphérique donne encore des mouvements à ce même degré.

Ici l'animal, après avoir reçu deux grammes d'extrait est mort dans l'espace de cinq minutes, il pesait dix-sept kilogrammes.

Dans l'expérience XVI, la mort a été produite au bout du même temps.

Expérience XVI. — Chien de chasse, du poids de 12 kilogrammes.

2 h. Injection dans la veine saphène de 2 grammes 50 centigrammes d'extrait de thalictrum macrocarpum dissous dans une quantité d'eau convenable.

2 h. 2 m. Effort de vomissement ; extension ; raideur des membres.

2 h. 5 m. Les mouvements respiratoires sont rares, les battements du cœur ne sont plus perçus dans l'artère fémorale ; l'animal expulse des matières fécales et meurt.

2 h. 30 m. Raideur cadavérique ; le cœur mis à découvert est dilaté, plein de sang ; les poumons sont sains ainsi que le cerveau ; le liquidae

céphalo-rachien paraît très bien au-dessus de la lamelle de l'arachnoïde qui s'étend du cervelet à la moelle.

Il faut remarquer toutefois qu'on a donné deux grammes cinquante centigrammes d'extrait à cet animal dont le poids est moindre que celui du chien de l'expérience XIV, lequel a reçu deux grammes de la même substance. Il semblerait donc que la rapidité de l'action toxique mortelle ne peut dépasser cinq minutes, quelle que soit la dose de substance employée. Il peut cependant arriver que cette dose ne soit mortelle qu'au bout d'un temps plus considérable, car des animaux ont résisté plus longtemps, et ne sont morts qu'au bout d'une heure environ comme on le voit dans l'expérience XXXIII, p. 167.

Les injections intra-veineuses qui viennent d'être mentionnées ont été pratiquées sur des carnivores, chiens. Celle-ci a été faite sur un rongeur.

Expérience XVII. — Lapin femelle, du poids de 1 kilogramme. — Température rectale 40, 2.

2 h. 35 m. On injecte dans la veine saphène droite 34 centigrammes d'extrait aqueux de thalictrum ; l'animal à peine détaché s'affaisse sur le ventre ; quand on l'excite en lui pressant la queue, il reprend son attitude normale pour s'affaisser de nouveau.

2 h. 37 m. L'animal expulse quelques crottins et quelques gouttes d'urine.

2 h. 40. Il est complètement affaissé, laissant ses pattes étendues sans les ramener à l'attitude normale ; il fait pourtant des efforts pour y parvenir. A chaque effort il retombe de plus en plus abattu ; son cœur se ralentit considérablement.

2 h. 45 m. Le cœur s'arrête tout à fait.

L'animal fait encore deux mouvements respiratoires après l'arrêt de cet organe et il meurt.

La température prise aussitôt après la mort est de 36,5.

Le cœur mis à découvert est distendu, en diastole, inexcitable par le courant maximum de l'appareil à chariot.

2 h. 50 m. Le sciatique excité par le même courant ne provoque aucun mouvement, tandis que les muscles se contractent encore sous l'influence du courant électrique.

Ainsi l'extrait de thalictrum paraît agir avec autant de puissance sur les rongeurs que sur les mammifères qui occupent un rang plus élevé dans l'échelle animale. On sait qu'il n'en est pas de même pour tous les agents toxiques, pour l'atropine par exemple qui n'influence guère les lapins, les cobayes etc, tandis qu'elle exerce une action très remarquable sur le chien.

Nous venons de voir par ce qui précède que la dose toxique d'extrait de thalictrum macrocarpum, mortelle pour le chien, serait de deux grammes environ. La dose toxique mais non mortelle de cette substance, en injection intra-veineuse, paraît être de soixante-dix centigrammes environ, si l'on se rapporte à l'expérience XXVI p. 140.

Nous n'avons parlé jusqu'ici que des injections hypodermiques ou intra-veineuses d'extrait de thalictrum macrocarpum. Que ferait cette substance introduite dans l'estomac ? L'expérience XXVII, p. 141, prouve que l'action toxique de l'extrait est alors incomparablement moins énergique puisque une dose de 20 grammes d'extrait introduite au moyen de la sonde œsophagienne dans l'estomac d'un chien n'a pas tué l'animal et a occasionné seulement des efforts de vomissement et de la diarrhée. Or, les expériences XIV, XV, XVI, etc, établissent que des doses bien inférieures introduites sous la peau ou dans les veines, sont fatalement mortelles. Ce fait peut être expliqué, si on pense que l'absorption par la muqueuse stomacale n'est pas ordinairement considérable, en sorte que le poison ne peut pas arriver en quantité suffisante dans le système circulatoire, et d'un autre côté une élimination plus ou moins rapide peut empêcher dans ce cas une action toxique mortelle.

En résumé, cette première série d'expériences prouve que le thalictrum macrocarpum possède un pouvoir toxique considérable et qui, d'une manière générale, se manifeste par de l'affaiblissement, de la somnolence, des vomissements et la mort.

Il reste maintenant à analyser le mécanisme physiologique de tous ces phénomènes toxiques.

B. — *Action physiologique sur les principales fonctions de l'organisme.*

On a pu déjà, par les expériences qui établissent le pouvoir toxique du thalictrum macrocarpum, se faire une idée générale sur l'ensemble des phénomènes physiologiques déterminés par l'extrait des racines de cette plante. Nous allons à présent chercher à préciser l'action physiologique en passant en revue les principaux appareils sur lesquels le principe actif du thalictrum macrocarpum porte ses effets.

a. *Action sur le système nerveux.* — L'affaiblissement et la résolution paralytique sont les symptômes prédominants que l'on constate sur les animaux qui ont subi l'intoxication par l'extrait de thalictrum, ou par son principe actif, la thalictrine.

L'expérience XVIII montre avec la plus grande netteté. cet engourdissement général survenant chez la grenouille, sous l'influence du *sulfate de thalictrine*.

Expérience XVIII. — Grenouille verte de forte taille.

2 h. On injecte sous la peau de la jambe droite 5 milligrammes de *sulfate de thalictrine*, dissous dans 35 millimètres cubes environ d'eau distillée ; l'animal, placé aussitôt après dans un bocal, ne donne d'abord

aucun signe bien net d'intoxication ; il ne remue point vivement, ainsi qu'on l'observe dans les premières minutes qui suivent l'injection d'extrait aqueux ; il reste au contraire en place, les membres inférieurs bien ramenés contre l'abdomen. On ne remarque aucune espèce d'action locale produite par l'injection de la solution du sel d'alcaloïde ; pas de contracture comme avec l'extrait aqueux.

2 h. 5 m. La grenouille, qui tenait tout à l'heure la tête élevée au-dessus d'une petite quantité d'eau contenue dans le bocal, la laisse retomber paraissant affaiblie Les mouvements respiratoires s'accélèrent, on en juge bien par les ondulations qui se produisent sur une petite quantité d'eau qui baigne le corps de l'animal.

On excite la grenouille en pinçant un orteil de la patte gauche ; elle ne fait aucun mouvement des membres et du tronc ; ses yeux se meuvent dans les orbites à chaque pincement et c'est tout.

2 h. 10 m. L'affaiblissement devient très manifeste ; l'animal ne ramène plus à l'attitude normale le membre inférieur droit, siège de l'injection, après qu'on l'a étendu ; le membre gauche, au contraire, est ramené à l'attitude normale dans les mêmes conditions.

2 h. 20 m. L'animal est en résolution complète ; les mouvements respiratoires sont très rares ; le cœur mis en rapport à travers le thorax avec une fine aiguille indicatrice bat encore quinze fois par minute.

Il n'y a pas de mouvements spontanés ; les mouvements réflexes des membres sont abolis ; quand on pince leurs extrémités, la grenouille remue encore les globes oculaires.

2 h. 25 m. Le cœur ne bat plus que sept ou huit fois par minute d'une façon peu nette, mais régulière ; les cornées sont à peine sensibles ; les pupilles sont dilatées. L'état de résolution musculaire est à son comble.

2 h. 35 m. L'animal est mort. On n'observe aucune contraction, aucune ride indiquant que la circulation se fait.

Dans cette expérience, on voit d'abord disparaître les mouvements spontanés de la grenouille, la tendance au retour à l'attitude normale, puis les mouvements réflexes provoqués cessent à leur tour, et c'est à peine si la cornée oculaire a conservé quelque sensibilité. Cependant le cœur très affaibli, il est vrai, continue de battre régulièrement.

Cet engourdissement général peut-il être le résultat de la diminution et de la faiblesse des contractions cardiaques ? On peut hardiment répondre que l'affaiblissement du cœur n'est pour rien dans la résolution musculaire générale, car on sait en physiologie que les poisons les plus énergiques du cœur n'amènent pas la résolution musculaire, alors même que les contractions cardiaques ont absolument cessé depuis un certain temps. On sait de même que les grenouilles dont le cœur est entièrement arrêté par la digitaline, l'inée, l'érythrophléine etc. s'agitent, sautent pendant un certain temps, comme si elles étaient dans leur état normal.

Si on n'est pas en droit de rapporter la résolution paralytique qui nous occupe à une action sur le cœur, il n'est pas possible non plus de l'attribuer à un effet sur les muscles de la vie de relation. Dans les expériences II, X, XIII, on a bien trouvé une certaine diminution de la contractilité musculaire, mais on a observé aussi la conservation à peu près intacte de cette contractilité, par exemple dans les expériences XII, XIX, alors que la résolution paralytique était incontestable.

Par conséquent, la paralysie qui suit l'absorption de l'extrait de thalictrum est due incontestablement à une action de cet agent sur un système organique autre que l'appareil musculaire.

Nous éliminons donc le cœur et les muscles des parties de l'économie qui doivent être touchées principalement dans l'empoisonnement par le thalictrum macrocarpum.

Cherchons si nous ne trouverons pas d'action plus marquée du côté du système nerveux.

1°. *Nerfs périphériques.* — La plupart de nos expériences, telles que les expériences XII, XIX, XXII, XXIII, XXIV, relatent que les cordons nerveux périphériques, les sciatiques par exemple, soumis à l'influence des excitations électriques conservent la propriété de faire contracter les muscles auxquels ils se distribuent. Voici une autre expérience de ce genre pratiquée sur la grenouille. On a lié une des artères fémorales, puis injecté dans un membre antérieur une dose mortelle d'extrait de thalictrum. En répétant cette expérience de Claude Bernard on se proposait de mettre en évidence une action analogue à celle du curare, dans le cas où elle aurait existé.

Expérience XIX. — Grenouille verte.

2 h. Après avoir lié l'artère fémorale gauche, on fait une injection d'extrait dans le membre antérieur droit.

2 h. 30 m. L'animal ressent déjà les premiers symptômes d'intoxication; il est engourdi Avec ce phénomène on constate de la contracture et de la pâleur de la peau dans le membre injecté.

3 h. 30 m. L'animal est en complète résolution paralytique On s'assure alors avec le courant électrique continu d'une pile au bichromate de potasse (pile dite de Grenet) que les muscles sont parfaitement excitables sur le membre où l'artère a été liée. Dans le membre opposé les contractions sont moins fortes. Les deux nerfs sciatiques donnent encore également des mouvements sous l'influence du même courant; la sensibilité paraît abolie; les mouvements réflexes n'existent pas.

3 h. 40. On observe quelques mouvements spontanés après lesquels la prostration s'accentue encore.

3 h. 50 m. L'animal paraît mort et l'est en effet, on a pu s'en convaincre en enlevant le sternum et en constatant que le cœur ne se contracte plus.

Par cette expérience très démonstrative, on voit que le membre soustrait à l'action du poison par ligature de son artère principale s'est comporté comme si cette opération n'avait pas eu lieu. La résolution paralytique a frappé également l'un et l'autre membre postérieur. Cependant au moment où l'animal est tout à fait engourdi, le courant électrique porté soit sur le nerf sciatique droit, soit sur le nerf sciatique gauche, provoque également des mouvements dans les muscles correspondants ; par conséquent, ces conducteurs physiologiques seraient respectées dans l'intoxication générale, produite par notre substance et on ne saurait localiser dans ces organes le siège de l'action du thalictrum macrocarpum.

Il est toutefois nécessaire de faire remarquer que dans plusieurs expériences (exp. II, X, XIII) sur des grenouilles, on a noté une certaine diminution de l'excito-motricité nerveuse, en même temps qu'une irritabilité moins grande des muscles directement soumis à l'excitation électrique.

Cette faible diminution de l'excito-motricité apparaît au moment où le collapsus est à peu près complet. Elle n'indique pas une action spéciale sur l'excito motricité, elle montre seulement que, comme tant d'autres substances toxiques, le thalictrum finit par exercer son action sur presque toutes les parties de l'organisme et que l'immunité de tel ou tel appareil est réellement, comme on le sait, relative et non absolue.

On a pu voir dans certaines expériences chez la grenouille (exp. II, X, XXIV) que l'excito-motricité était fortement atteinte dans les nerfs des membres ou l'injection avait eu lieu. C'est là un phénomène dû à l'action locale irritante propre à l'extrait de thalictrum non étendu d'eau en quantité suffisante. Il suffit de rappeller ce fait dans ce chapitre puisqu'il a déjà été mentionné plus haut p. 93.

Quand on recherche chez les chiens et les autres vertébrés supérieurs la cause de l'engourdissement paralytique occasionné par le thalictrum macrocarpum, on n'observe pas cette diminution de l'excito-motrice notée chez la grenouille, on remarque, au contraire, que cette fonction est conservée même après la mort.

L'expérience XX, pratiquée sur un chien, est une de celles dans lesquelles les nerfs moteurs avaient conservé toute leur excitabilité après l'extinction des derniers phénomènes vitaux. On a pu constater seulement que cette propriété disparaissait assez promptement après la mort.

Expérience XX. — Chien mâtiné, du poids de 10 kilogrammes. Température centrale 37,5. Pouls, 68 pulsations par minute. 20 respirations par minute.

12 h. 45 m. On fait une injection hypodermique de 5 grammes d'extrait en divers points du corps.

2 h. 10 m. Pupilles normales, les membranes nictitantes couvrent en partie les globes oculaires. Le chien urine. Température 35°. 20 mouvements respiratoires par minutes; on compte dans le même temps 160 pulsations régulières. Les mouvements réflexes de la face sont conservés; les mouvements réflexes des membres très affaiblis. L'animal est étendu sur le ventre dans un collapsus complet; lorsqu'on le met sur ses pattes, il s'y maintient quelques secondes, fait quelques pas et s'affaisse aussitôt.

2 h. 40 m. L'animal expulse à grand'peine des matières fécales dures, baignées par un liquide teinté de sang.

2 h. 50 m Température rectale 34,5. Efforts de vomissements. — 120 pulsations par minute.

L'animal essaye de se mettre debout, il y parvient avec beaucoup de peine. Il urine, fait quelques pas et va se recoucher en s'abattant à un mètre de l'endroit où il était d'abord.

3 h. 15 m. La sensibilité réflexe des membres est presque abolie, l'animal remue encore les paupières quand on approche la main de ses yeux.

3 h. 45 m. Il essaye de nouveau de remettre debout sans y parvenir et s'affaisse. On compte 100 pulsations par minute toujours régulières, et 28 mouvements respiratoires réguliers. Quand on introduit le thermomètre dans le rectum, on voit que le sphincter anal a perdu sa tonicité. Température 34°.

3 h. 55 m. La respiration est devenue saccadée, difficile, lente.

3 h. 56 m. Le cœur s'arrête; trois mouvements respiratoires ont encore lieu après l'arrêt de cet organe. L'animal est mort.

Nécropsie. — 3 h. 58 m. Le cœur mis très rapidement à découvert est inexcitable au maximum d'intensité du courant fourni par l'appareil à chariot. — Le bout central des nerfs pneumogastriques excité par le même courant ne produit aucun phénomène du côté de la pupille qui reste très dilatée comme elle l'était au moment de la mort.

Le nerf sciatique et les muscles sont parfaitement excitables.

Le nerf phrénique faradisé fait contracter le diaphragme.

4 h. 5 m. Le nerf sciatique ne donne rien à 25 centimètres d'écartement de l'appareil. Il provoque des mouvements dans les orteils correspondants au maximum de l'appareil. — Les phréniques. en ce moment, ne sont plus excitables à aucun degré.

4 h. 7 m. Le sciatique et les muscles le sont encore au maximum.

4 h. 9 m. Le sciatique perd son excitabilité.

Les poumons de l'animal étaient parfaitement normaux. Dans toute l'étendue de l'intestin grêle la muqueuse est rouge couvertes de très petites taches ecchymotiques disséminées ou confluentes.

L'expérience suivante vient encore à l'appui de la précédente pour démontrer que l'excito-motricité des nerfs n'est pas atteinte chez le chien dans l'intoxication par le thalictrum macrocarpum.

Expérience XXI. — Chienne terrier du poids de 9 kilogrammes. Pulsations de l'artère fémorale, 100 par minute. Pupille normale.

3 h. 45 m. L'animal reçoit en injection intra-veineuse lente, dans la saphène droite, 1 gr. 36 d'extrait aqueux de thalictrum dissous dans 4 gr. d'eau.

On le détache immédiatement et on constate qu'il est très abattu. qu'il ne peut plus garder son équilibre et écarte les jambes pour se maintenir debout.

3 h. 50 m. L'animal urine et rend des matières fécales à plusieurs reprises avec des symptômes de ténesme à la fin.

3 h. 52 m. Il tombe en poussant des cris de douleur. On constate l'arrêt du cœur et des battements de la fémorale ; il fait pourtant de nombreux efforts de respiration. Il a des secousses convulsives avec raideur et extension des quatre membres, comme dans les convulsions strychniques tétaniformes. Cet état convulsif s'accompagne d'opisthotones.

3 h. 55 m. Deux mouvements respiratoires ont encore lieu et l'anima meurt.

Le courant électrique faible de l'appareil à chariot démontre que la contractilité musculaire est affaiblie.

Le nerf sciatique, excité avec un courant de 20 centimètres, produit des contractions énergiques dans les orteils correspondants.

3 h. 58 m. Un courant de dix-sept centimètres d'écartement et même maximum de l'appareil de Siemens et Halske appliqué sur la cornée, laisse la pupille dilatée, comme elle l'était avant cette excitation.

En faisant passer le courant par le bout central des nerfs pneumogastriques sectionnés, on obtient une dilatation plus grande de la pupille.

Les ventricules du cœur mis à nu sont en diastole et pleins de sang. On observe quelques faibles contractions spontanées des oreillettes.

Les ventricules cardiaques restent inexcitables par l'action du courant au maximum de l'appareil à chariot; les oreillettes au contraire se contractent sous l'influence d'un courant faible du même appareil.

Quand on faradise les ventricules cardiaques, avec un courant de 5 et même 0 centimètre d'écartement, ces ventricules restant inertes, le diaphragme se contracte énergiquement, sans doute par l'intermédiaire des nerfs phréniques.

On voit par ces diverses expériences qu'on ne saurait invoquer une diminution de l'excito-motricité nerveuse pour expliquer l'engourdissement paralytique, c'est-à dire le phénomène capital de l'intoxication déterminée par le thalictrum macrocarpum.

2° *Centres nerveux.* — Parmi les causes qui pourraient amener l'affaiblissement paralytique si remarquable constaté dans toutes nos expériences, on a dû éliminer successivement jusqu'ici une action élective de l'agent toxique soit sur le cœur, soit sur les muscles. Il est pareillement établi que l'excito-motricité, à peine influencée chez des vertébrés inférieurs tels que la grenouille, reste intacte sur des mammifères comme le chien, le lapin etc, lorsque ces divers animaux sont mortellement empoisonnés par l'extrait de thalictrum.

Il ne reste donc plus qu'une action sur les centres nerveux que nous puissions invoquer pour nous fournir l'expli cation de ces phénomènes d'engourdissement paralytique et le problème ainsi restreint, n'admet qu'une solution, à savoir que cet état d'engourdissement est dû à un affaiblissement des propriétés et des fonctions des centres encéphalo-médullaires. C'est du reste ce que démontrent les expériences qui suivent.

Expérience XXII (faite au laboratoire de clinique de l'Hôtel-Dieu). — Chien mâtiné, du poids de 9 kilogrammes.

10 h. On fait à cet animal une injection intra-veineuse d'une dose non mortelle d'extrait de thalictrum.

10 h. 10 m. On remarque de l'engourdissement général : le chien reste couché dans un coin. Il se relève, est pris d'un flux diarrhéique bilieux et se recouche.

10 h. 20 m. On incise la peau de la cuisse pour chercher le nerf sciatique, on sectionne ce nerf entre deux ligatures sans provoquer des cris de douleur chez l'animal.

10 h. 30 m. L'animal est affaibli, comme somnolent, il se réfugie dans un coin et se couche. Les pupilles se contractent à la lumière, la gauche moins que la droite.

L'excitation faradique du bout périphérique du nerf sciatique, donne des mouvements dans le membre correspondant, à un écartement de 25 centimètres de l'appareil de Siemens et Halske.

10 h. 35 m. On excite le bout périphérique ; à 41 centimètres, pas de mouvements, ni à 25 centimètres ; à 24 centimètres, il y a des mouvements faibles. La contraction des muscles de la cuisse a lieu sous l'influence d'un faible courant.

10 h. 33 m. On excite le bout central qui ne donne rien à 45 ni à 40 centimètres d'écartement, à 35 on provoque de légers mouvements réflexes. A 20 centimètres, le chien gémit ; à 10 centimètres et à 35, l'animal pousse des cris de douleur. La dilatation de la pupille n'est pas évidente à ce degré.

10 h. 45 m. L'animal est toujours engourdi, il a 30 respirations par minute et 200 pulsations. On cesse l'expérience.

Voilà un chien qui reçoit en injection intra-veineuse une dose non mortelle d'extrait de thalictrum. Les premiers symptômes de l'intoxication, c'est-à-dire la faiblesse générale, l'engourdissement, apparaissent dix minutes après l'injection. Dix minutes plus tard, c'est-à-dire vingt minutes après l'injection, on incise la peau de la cuisse de l'animal, pour chercher son nerf sciatique, et on prend ce nerf sur un fil sans que l'opération provoque la moindre manifestation de douleur. Néanmoins la sensibilité n'est pas abolie, car l'excitation faradique du bout central du nerf sciatique provoque les gémissements et démontre que l'animal ressent cette excitation.

Puisque nous savons déjà par les expériences XII, XIX, etc., que la contractilité musculaire est respectée d'une manière générale par le thalictrum macrocarpum, ainsi que l'excito-motricité nerveuse, (exp. XX, XX, XXI, XXIV) et, dans une certaine mesure, la circulation et la respiration, il faut bien reconnaître que les effets de cet agent portent principalement sur le système nerveux central.

L'expérience suivante, dans laquelle la substance est introduite par la méthode hypodermique, vient d'ailleurs à l'appui des expériences précédentes pour démontrer d'une façon plus précise l'action de l'extrait de thalictrum sur les centres nerveux.

Expérience XXIII. — Chien bull terrier, du poids de 11 kilogrammes. Température centrale 38,4. Respirations, 19 par minute. Pulsations de l'artère fémorale 120 par minute. Pupilles normales.

11 h. 30 m. On injecte sous la peau de cet animal 3 grammes d'extrait de thalictrum.

12 h Les premiers symptômes de l'intoxication se montrent : le chien se couche et paraît faible. Après quelques minutes, il se relève, rend des matières fécales bien moulées et se recouche sur le ventre. On compte par minute 20 respirations plus amples qu'avant l'injection. La température est de 38,4. Le pouls pris sur l'artère fémorale est de 188 pulsations par minute.

2 h. L'animal paraît ne plus pouvoir se tenir sur ses membres, il reste étendu sur le côté, les membres allongés sans raideur. Sa température est de 38°. Il respire 36 fois par minute. On compte 216 pulsations de l'artère fémorale par minute. Ses pupilles sont contractiles. Les battements du cœur sont vigoureux, mais le pouls est petit.

2 h. 10 m. Le chien se lève spontanément, il fait quelques pas en titubant et se recouche. Les mouvements réflexes oculo-palpébraux sont conservés ; mais, quand on presse de tout le poids du corps sur une patte de l'animal, celui-ci paraît rester insensible et rien n'indique qu'il en est conscience.

3 h. 30 m. Le chien se lève en titubant, va boire abondamment; pendant qu'il se désaltère, il s'affaisse, puis continue à boire couché sur le ventre. Il vomit de la bile.

2 h. On recommence à presser de tout le poids du corps sur une partie de l'animal; il est aussi insensible que tout à l'heure ; les pupilles ne se dilatent pas. Un moment après, il parvient à se lever et se réfugie dans un coin voisin.

3 h. 35. La température de l'animal est de 36°. Il reste étendu sur le flanc, on lui touche le nez avec le bout allumé d'une cigarette, il recule la tête. On compte 32 respirations par minute à peu près régulières et 180 pulsations. Les lèvres sont pâles, décolorées.

3 h. 40 m. Le chien fait des efforts pour se lever ; il n'y parvient pas.

3 h. 45 m. On prend le nerf sciatique, et cette opération a lieu sans que le chien donne aucun signe de douleur. On lie le nerf, immédiatement l'animal crie et ses pupilles se dilatent. On sectionne le nerf entre deux ligatures.

4 h. 10 m. On électrise le bout périphérique du nerf sciatique sectionné, on constate qu'au minimum de l'appareil à charriot il y a des contractions dans l'extrémité du membre correspondant.

Le bout central est ensuite électrisé avec le courant maximum de l'appareil. On observe des mouvements dans le membre en expérience; il en est de même à 25 centimètres; on met l'appareil à 35° centimètres d'écartement; on provoque alors des cris, tandis que tout d'abord le maximum de l'appareil n'en avait point déterminé.

4 h. 20 m. Le pincement du bout central détermine des cris de douleur et de la dilatation de la pupille. Il en est de même quand on excite ce bout central avec le courant maximum.

Le bout périphérique est encore électrisé par le courant minimum de l'appareil à chariot, on observe des mouvements dans les orteils. L'animal pendant ces excitations essaye de fuir, mais ses mouvements sont difficiles.

4 h. 25 m. La dilatation de la pupille persiste depuis la dernière excitation du bout central.

4 h. 30 m. Un simple tressaillement sous le doigt indique que la fémorale bat encore. Les pulsations cardiaques sont au nombre de 132, elles sont assez énergiques. L'animal parvient à se lever spontanément, il fait quelques pas et tombe sur le côté. Le sphincter anal est relâché. La température prise dans le rectum est de 35,4.

Doassans.

4 h. 35 m. On excite le bout central avec le courant maximum de l'appareil l'animal fait des mouvements comme pour crier.

3 h. Température rectale 34°1. On compte 36 respirations par minute. Quand on pince le bout central du sciatique, l'animal se retourne encore comme pour mordre; ses efforts sont faibles, il ne crie pas. Pas de salivation; muqueuse buccale humide et pâle sans être exsangue.

5 h. 10 m. On note que le chien lève la tête et essaye de se déplacer chaque fois qu'il entend le bruit du trembleur de l'appareil de Siemens et Halske. Les muscles de la cuisse se contractent sous l'influence d'un faible courant.

5 h. 20 m. La respiration est devenue difficile à chaque respiration l'animal retire en arrière ses commissures labiales. Le cœur a des mouvements plus faibles; les contractions de cet organe présentent par instant de l'irrégularité comme force et comme rhythme.

5 h. 30 m. Température rectale 33°. L'animal fait des efforts comme pour vomir, tout en restant couché sur le côté. On compte 92 pulsations cardiaques à peu près régulières. On excite en le pinçant, le bout central du sciatique, l'animal fait de faibles efforts pour se lever, il reste toujours couché sur le flanc. On marche sur ses orteils sans qu'il soit possible d'observer le moindre signe de douleur.

5 h. 45 m. Le cœur s'arrête, l'animal urine. La respiration est suspendue.

5 h. 46 m. On observe pes mouvements respiratoires successifs.

5 h. 47 m. L'animal a encore une respiration agonique et meurt.

5 h. 50 m. Le bout périphérique du nerf sciatique excité avec le courant fourni par l'appareil à chariot donne des mouvements à 20 centimètres d'écartement.

Nécropsie. — On avait enlevé à ce chien pour d'autres expériences 1000 grammes de sang en trois fois, *un mois avant notre expérience*; il était parfaitement remis de cette opération.

L'encéphale est anémié ainsi que la moelle. L'intestin, pâle extérieurement, présente sur la muqueuse une légère congestion.

Le foie est sain ainsi que les reins. Les poumons le sont également. Le cœur est en diastole; on l'incise et on trouve sur l'endocarde de très petites taches ecchymotiques, très peu nombreuses.

Par cette expérience XXIII on a encore la preuve des troubles du système nerveux encéphalo-médullaire. Le chien, empoisonné par injection hypodermique d'extrait de thalictrum, présente une demi-heure après de l'engourdissement général. Il est comme somnolent, faible, titubant, et ces symptômes vont en s'accentuant jusqu'aux derniers moments.

L'animal ne peut plus marcher, cependant malgré cet état d'affaiblissement il exécute encore par intants des mouvements volontaires. Il fait quelques pas en chancelant, et tombe, mais on voit qu'il évite les obstacles qui pourraient l'arrêter. Quatre heures après l'injection, au moment où il est déjà très affaibli, le chien se dirige en titubant vers un vase rempli d'eau, boit avidement, s'affaisse trahi par ses forces tout en conservant assez d'intelligence pour rester la tête sur le bord du vase afin de continuer à lapper. Un peu plus tard on a noté que l'animal détourne la tête quand on lui brûle le nez, et qu'il cherche à éviter la main dirigée de nouveau vers lui pour le brûler. Ces faits, disons-nous, prouvent que l'encéphale n'est guère atteint par notre agent toxique, alors que la faiblesse générale est déjà grande.

On constate que si les mouvements spontanés sont en partie conservés dans les premiers temps de l'empoisonnement, ils deviennent progressivement de plus en plus difficiles.

L'état de la sensibilité mérite surtout de fixer l'attention; cette expérience ainsi que la plupart de celles que nous avons rapportées, démontre que la sensibilité est très-diminuée. On voit ici, comme dans l'expérience XXII, que l'opérateur peut inciser la peau et prendre le nerf sciatique sans déterminer de la douleur; la pression violente de l'extrémité d'un membre sous le talon ne provoque aucune espèce de réaction ; il faut une excitation faradique d'un nerf sensible pour montrer que la sensibilité générale n'est pas complètement abolie et que le pouvoir réflexe de la moelle est en partie conservé.

En même temps que ces divers phénomènes, on a constaté, dans cette expérience comme dans plusieurs autres, (exp. XXI, XXV) le relâchement du sphincter anal qui est survenu cinq heures après l'injection de la substance toxique.

Nous aurons d'ailleurs l'occasion de revenir sur ce fait quand nous étudierons les effets physiologiques du thalictrum macrocarpum sur l'appareil digestif.

L'action de cette renonculacée sur la substance grise des centres nerveux est donc bien établie; et il paraît déjà qu'elle est beaucoup moins accusée sur l'encéphale que sur la moelle.

Pour mieux étudier ce dernier point, examinons séparément les phénomènes qui se passent dans ces grandes divisions du système nerveux, sous l'influence de notre agent toxique.

Encéphale. — Pour se rendre compte de l'action exercée par le thalictrum macrocarpum sur l'encéphale, il faut jeter un coup d'œil rapide sur les phénomènes généraux que les animaux en expérience ont présenté à l'observateur. Voyons d'abord comment se comportent les vertébrés inférieurs tels que les batraciens.

Dans l'expérience X, une grenouille empoisonnée par de l'extrait de thalictrum n'a plus de mouvements réflexes, quand on lui pince vigoureusement une patte. Pourtant, trente minutes après cette observation, l'animal très affaibli fait quelques mouvements spontanés, difficiles il est vrai, en rampant pour ainsi dire sur le fond d'un bocal. Quelques minutes plus tard, on voit que le retour à l'attitude normale est malaisé.

Faut-il rapporter cet affaiblissement et le peu de fréquence des mouvements spontanés à une action sur l'encéphale? Cette expérience ne le démontre pas d'une manière absolue, mais celle qui la suit (exp. XI) semble plus affirmative.

La grenouille de cette expérience reçoit sous la peau d'un membre inférieur un milligramme de chlorhydrate de thalictrine. Dix minutes après l'injection elle est engourdie, garde l'attitude normale, se laisse pousser dans tous les sens, sans faire aucun mouvement; néanmoins elle ramène ses membres inférieurs contre son corps, quand on les en écarte. Vingt minutes après l'injection, on observe le même état qui a duré encore plus de quarante minutes.

Cette expérience montre que les mouvements spontanés cessent les premiers, mais elle n'indique pas nécessairement qu'ils ont cessé par suite d'une action primitive sur l'encéphale. Il en est de même de plusieurs autres expériences. Ainsi dans l'expérience XII, une grenouille est empoisonnée avec deux milligrammes de sulfate de thalictrine, et au bout de cinq minutes elle reste complètement immobile, inerte. Après vingt-cinq minutes, l'intoxication est telle qu'on peut mettre les membres dans une position quelconque sans que l'animal les ramène, et la grenouille meurt sans avoir présenté d'autres phénomènes qu'un affaiblissement général graduel. Une autre grenouille (exp. XVIII) perd aussi ses mouvements spontanés et succombe après un engourdissement progressif.

On est d'autant plus embarrassé pour conclure d'une manière certaine à une action sur l'encéphale que l'on sait, par l'expérience XXIV, que le thalictrum macrocarpum exerce certainement son pouvoir sur l'axe gris bulbo-médullaire.

Si nos expériences sur la grenouille ne donnent pas de

renseignements plus précis, il en est autrement des données expérimentales qui sont fournies par les animaux supérieurs tels que le chien.

Ainsi, expérience XIV, un chien est empoisonné par injection hypodermique de trois grammes d'extrait de thalictrum, après une demi-heure, il est en état de torpeur, il bâille, puis devient somnolent et reste étendu sur le sol. Plus tard, il fait quelques pas chancelants et tombe comme une masse inerte. Dans une autre expérience (exp. XXXIII), un chien reçoit dans une saphène deux grammes d'extrait ; cinq minutes après l'injection, l'animal a de la tendance au sommeil; quand il essaye de marcher, il titube ; une demi-heure environ après l'injection, il fait des efforts pour se lever et y parvient, il fait même quelques pas en chancelant. Une heure après l'injection, l'animal fait de nouvelles tentatives pour se mettre debout, mais sans succès, et meurt une heure quinze minutes après le commencement de l'opération.

Un lapin, expérience XVII, reçoit dans une veine saphène trente quatre centigrammes d'extrait de thalictrum; cinq minutes après cette injection, il est complètement affaissé, laisse ses pattes étendues sans les ramener à l'attitude normale, il essaye pourtant de ramener ses membres contre le tronc, mais il n'y parvient pas et retombe de plus en plus engourdi.

Le chien de l'expérience XXIX est plongé dans un état d'engourdissement et de somnolence bientôt suivi d'un trouble de la sensibilité tel que l'animal ne fait aucun mouvement quand on lui presse fortement une extrémité d'un membre contre le sol.

L'expérience XXII, a permis de constater que l'animal, empoisonné par une dose non mortelle d'extrait de thalictrum injecté dans les veines, est engourdi alors que la sensibilité n'est pas abolie, puisque le chien en expérience pousse des gémissements de douleur quand on excite avec un courant faradique très faible le bout central du nerf sciatique sectionné.

Le chien de l'expérience XXV, après avoir été empoisonné par trois grammes d'extrait de thalictrum donné par injection hypodermique, se trouve promptement très affaibli. Trois heures après l'injection, il a pourtaut encore des mouvements spontanés. Vingt minutes avant de mourir il peut encore se lever, faire quelques pas, il semble se rendre compte qu'il a devant lui un obstacle à franchir par dessus lequel il essaye de passer, mais trahi par ses forces, il reste le corps pendu sur la traverse d'une table qui lui barre le passage.

Dans l'expérience XXIII, on voit également un chien empoisonné par injection hypodermique de trois grammes d'extrait. Cet animal est mort au bout de six heures vingt minutes. Au bout de quatre heures, lorsqu'il était bien sous le coup de l'intoxication, il a pu encore se diriger après s'être levé à grand'peine vers un vase rempli d'eau. Arrivé là, il a fléchi, ses forces lui manquant, il a continué à boire en restant couché sur le ventre. Un moment après il parvient à se relever et peut se réfugier dans un coin voisin. Il essaye encore plusieurs fois pendant cette expérience, de se lever. Quand on le réveille par l'excitation électrique portée sur son nerf sciatique, il se retourne comme pour mordre et cherche à fuir. Un bruit extérieur suffit pour le réveiller, car ce chien, presque jusqu'aux derniers moments, lève la tête et essaie de se déplacer quand il entend le bruit du trembleur de l'appareil à chariot, il semble donc comprendre la relation qui existe entre ce bruit et l'excitation électrique qu'il tente d'éviter par la fuite.

D'après ces faits, il paraît démontré que le thalictrum macrocarpum exerce une certaine action sur l'encéphale des verbrés. Nous avons vu les animaux se retirer dans un coin, s'affaiblir graduellement, et ne présenter des mouvements spontanés que de loin en loin, ou lorsqu'une excitation extérieure avait dissipé leur sommeil. Souvent ces animaux restaient des heures entières sans changer de place, sans remuer. Ils seraient sans doute demeurés encore plus longtemps immobiles si le besoin de les observer ne nous avait obligé à les tirer de leur somnolence.

Durant la première période de l'empoisonnement, les fonctions engourdies de l'encéphale peuvent se réveiller facilement et les chiens stimulés, soit par l'appel, soit par tout autre moyen se déplacent sans trop de difficulté, pour aller presque aussitôt s'assoupir dans un coin voisin. A mesure que l'intoxication progresse, les animaux sont plus difficiles à tirer de leur engourdissement; néanmoins, presque jusqu'à leurs derniers moments ils ont des mouvements spontanés de plus en plus rares, il est vrai, mais qui suffisent pour prouver que les fonctions cérébrales ne sont pas entièrement abolies. Nous avons vu des chiens parvenus à une période avancée de l'empoisonnement donner encore des signes d'activité cérébrale. Le chien de l'expérience XXV notamment, cherchait à éviter les obstacles placés devant lui. Celui de l'expérience XXIII savaït, quoique extrêmement affaibli, se diriger vers un vase rempli d'eau pour s'y désaltérer, et, ses forces le trahissant, il se couchait à côté du vase pour continuer à boire dans cette position anormale.

Il est donc certain que si l'encéphale est atteint, le cerveau ne l'est pas dans une limite très-étendue, et que le reste de l'encéphale n'est pas la seule partie du système nerveux central, qui soit touchée par le thalictrum macrocarpum. Voyons, si du côté de la moelle les troubles physiologiques ne seraient pas plus accusés.

Moëlle épinière et bulbe. — Chez les grenouilles des expériences II, XI, XIII, XVIII, XIX, on a pu constater une résolution paralytique absolue, et l'on n'a point observé de mouvements réflexes sous l'influence des excitations mécaniques. Dans les expériences X, XIII, d'autres grenouilles pareillement frappées de résolution musculaire, n'avaient de mouvements réflexes que du côté des globes oculaires quand elles étaient soumises au pincement vigoureux de l'extrémité d'un membre.

Il serait encore permis, malgré ces expériences, de douter de l'action exercée par le thalictrum macrocarpum sur la moelle épinière, mais voici encore une autre expérience qui lève tous les doutes à cet égard.

Expérience XXIV. — Grenouille verte

3 h. 30 m. On sectionne la moelle au niveau du bulbe.

3 h. 40 m. Une injection de 2 centigr. d'extrait est faite dans un bras de l'animal.

3 h. 50 m. La grenouille a des mouvements réflexes, quand on lui pince un membre postérieur.

4 h. 10 m. L'engourdissement paralytique est complet, l'animal n'est plus sensible à l'excitation mécanique des pattes postérieures.

4 h. 20 m. Les pupilles sont très dilatées, on pince encore une extrémité d'un membre inférieur, on n'observe aucune espèce de mouvements réflexes L'animal semble mort. On met le cœur à nu. Le cœur est très ralenti, il bat 10 fois par minute. Cet organe est pâle et a son volume normal.

4 h. 25 m. On prend le sciatique et on l'excite avec la pince de Pulvermacher l'excito-motricité est normale.

4 h. 35 m. Nouvelle excitation électrique du nerf, laquelle produit encore des mouvements dans les orteils correspondants.

4 h. 45 m. Le cœur est encore très pâle et bat 8 fois par minute, l'excitation du nerf sciatique indique que l'excito-motricité n'est pas manifestement diminuée.

4 h. 50 m. Le cœur presque arrêté bat d'une façon douteuse. L'excito-motricité est moins conservée que tout à l'heure, on ne remarque de mouvements que dans un seul orteil. L'excitabilité musculaire est diminuée.

5 h. Le cœur est toujours dans le même état, le nerf sciatique excité, donne encore un léger mouvement dans un orteil.

5 h. 5 m. L'animal est mort.

Cette grenouille perd toute espèce de mouvements réflexes quarante minutes après avoir reçu de l'extrait de thalictrum. Or, on sait que ce phénomène n'arriverait pas sur une autre grenouille à laquelle on couperait pareillement la moelle, et que l'animal de notre expérience aurait conservé son pouvoir réflexe si l'on n'avait pas introduit de substance toxique dans son économie.

D'autres expériences analogues à celle-ci, mais que nous ne rapportons pas, ont donné toujours un résultat identique, c'est-à-dire l'abolition du pouvoir réflexe de la moelle chez les grenouilles empoisonnées avec le thalictrum macrocarpum. Examinons maintenant les phénomènes médullaires déterminés par cet agent sur des mammifères supérieurs comme le chien.

Les expériences XIV, XX, XXVIII, XXXI, sur des animaux de ce genre, permettent de constater au moyen d'excitations mécaniques, portées sur divers points de la surface du corps, la perte de toute sensibilité réflexe dans les membres, et la persistance plus ou moins complète des mouvements réflexes de la face.

Dans l'expérience XXII, on a pu prendre et sectionner le

nerf sciatique à la cuisse, sans provoquer de cris de douleur, chez un chien empoisonné par une dose non mortelle d'extrait de thalictrum.

Enfin dans l'expérience XXIII, un chien reçoit une injection hypodermique de trois grammes d'extrait de thalictrum. Trois heures et demie environ après cette injection, on constate que les mouvements réflexes oculo-palpébraux sont conservés, mais quand on presse de tout le poids du corps sur une patte de l'animal, celui-ci paraît rester insensible, et rien n'indique qu'il manifeste aucune douleur. Un peu plus tard, on recommence à presser de tout le poids du corps sur une patte de l'animal, il est aussi insensible que tout à l'heure, et ses pupilles ne se dilatent pas sous l'influence de cette excitation mécanique; pourtant quand on lui brûle le nez avec le bout d'une cigarette allumée il recule la tête. Quatre heures après l'empoisonnement, on prend le nerf sciatique de l'animal; cette opération a lieu sans qu'il donne aucun signe de douleur. Mais quand on lie le nerf, le chien crie et ses pupilles se dilatent. Un courant faradique d'une intensité moyenne, appliqué sur le bout central du nerf sciatique sectionné, fait pousser à l'animal des cris douloureux.

Remarquons en passant que, chez ce chien, le courant maximum n'avait pas d'abord déterminé les cris de douleur, produits quelques secondes plus tard par un courant relativement beaucoup plus faible. C'est là un fait du même ordre que celui qui a été signalé par M. Oré, professeur à l'école de Bordeaux, dans son étude sur le chloral et qui peut être également constaté avec différents anesthésiques. Nous gardons toutefois des réserves en ce qui concerne le thalictrum macrocarpum, et nous nous proposons de revenir ultérieurement sur ce point après de nouvelles expériences.

Il résulte de ces données expérimentales que, chez les batraciens comme chez les mammifères, les propriétés de la moelle s'affaiblissent et finissent par s'éteindre d'une manière graduelle.

On a souvent observé dans l'empoisonnement produit par le thalictrum macrocarpum, et principalement chez les chiens rapidement tués par injection intra veineuse d'extrait, une contracture générale qui survient au moment de la mort.

Cette contracture générale a été notée chez le chien de l'expérience XV peu de temps avant son trépas.

Deux autres chiens, expériences XVI et XXXII, ont eu au moment de la mort de l'extension et de la raideur des membres.

Dans l'expérience XXXIV, on voit un chien qui meurt après avoir eu une convulsion générale suprême.

Dans l'expérience XXI, on remarque qu'un chien a, trois minutes avant de mourir, des secousses convulsives avec raideur et extension des quatre membres, comme dans les convulsions strychniques tétaniformes. Cet état convulsif s'accompagne d'opisthotonos.

L'expérience XXV, nous montre un chien empoisonné par la méthode hypodermique. Cet animal a eu aussi, au moment de la mort, de l'extension avec raideur des membres, comme les chiens précédents qui avaient succombé par injection intra veineuse d'extrait.

C'est encore à une action médullaire qu'il faut rapporter les faits que nous venons de mentionner.

Les animaux meurent-ils de l'arrêt du cœur qui peut

résulter de la cessation de l'innervation centrale? Dans les expériences (XXIII, XXV) les seules où l'on ait examiné l'état des centres nerveux après la mort, on a trouvé une anémie notable de ces organes. Est-on en droit de dire que cette anémie serait une cause de l'épuisement du système nerveux? Ne vaut-il pas mieux chercher la cause de l'arrêt du cœur dans une action de notre agent toxique sur le muscle cardiaque? Il n'est pas irrationnel de penser qu'il en est réellement ainsi, car dans les expériences XVII, XX, XXI, etc., on voit que, aussitôt après la mort, on tente en vain de rappeler au moyen d'un puissant courant faradique les contractions du cœur, ce qui, on le sait, n'arrive pas chez les chiens qui succombent aux effets de substances sans action sur le muscle cardiaque. Nous garderons donc toutes réserves sur ce point, sur lequel nous reviendrons du reste plus loin au moment de l'étude des troubles produits par le thalictrum macrocarpum sur la circulation.

En ce qui concerne plus particulièrement le bulbe, on peut admettre qu'il est influencé par le thalictrum macrocarpum. Les vomissements répétés qu'ont éprouvés beaucoup de nos animaux, ainsi que les troubles par l'extrait de thalictrum apportés dans les fonctions respiratoires et circulatoires, semblent en effet indiquer une action physiologique spéciale de cet agent toxique sur la moelle allongée.

Nous n'avons pas étudié d'une façon particulière la perturbation que pourrait entraîner, du côté du système nerveux ganglionnaire, l'extrait de notre plante introduit dans l'économie animale. Toutefois, l'examen de l'influence du spinal sur le muscle cardiaque des animaux empoisonnés avec le thalictrum macrocarpum nous a amené à constater que les relations entre ce nerf et l'organe central de la circulation étaient demeurées intactes. En effet, quand l'excitation faradique a porté sur le bout périphériques de nerfs vaguo-sympathiques sectionnés à la région cervicale, on a noté chez des chiens intoxiqués que ces nerfs avaient conservé leurs pouvoirs frénateurs du cœur très peu de temps, (cinq minutes) avant la mort. Par conséquent il est peut-être permis de penser que dans l'empoisonnement par le thalictrum macrocarpum, le système nerveux ganglionnaire du reste de l'économie est respecté comme le système ganglionnaire cardiaque.

L'expérience XXIII et surtout l'expérience XI, dans laquelle, même après la mort, on a constaté la dilatation de la pupille en électrisant le bout central des nerfs vaguo-sympathiques sectionnés, viennent encore à l'appui de l'assertion précédente et montrent que la fibre irienne est respectée par le thalictrum.

Dans la plupart de nos expériences (exp. I, II, XI, XII, XIII sur les grenouilles, on a vu que ces batraciens avaient, pendant leur état de résolution paralytique, de la dilatation des pupilles. On a relevé le même phénomène sur des animaux plus élevés en organisation, car les chiens des expériences XIV, XXIII, etc., ont eu aussi de la mydriase pupillaire. On serait tenté de déduire de ces faits, une action sur le système nerveux ganglionnaire et d'expliquer la dilatation de la pupille mentionnée dans nos expériences, comme notre maître M. Vulpian l'a fait dans ses leçons sur l'aconitine pour la mydriase produite par cette dernière substance.

« Lorsque les phénomènes de l'aconitisation sont très « manifestes, dit le savant professeur, on observe « chez les mammifères une dilatation de la pupille. Cette di- « latation est-elle due à l'action excitante que l'aconitine « exercerait sur les fibres musculaires radiées de l'iris » lorsqu'elle est mise en contact, par l'intermédiaire de la « circulation, avec ces éléments anatomiques ou avec les « parties du sympathique qui les innervent, ou bien à une « action paralysante exercée de la même façon sur le « sphincter irien ou sur le rameau de l'oculo-moteur qui « innerve ce sphincter ou sur les centres nerveux qui « mettent ce rameau en activité ? Est-elle, en un mot, le « résultat d'une influence portant *directement* sur tel ou « tel des organes qui constituent l'appareil nervo-muscu- « laire de l'iris ? Ou bien s'agit-il d'une action *indirecte*, « l'aconitine irritant différents viscères, le canal digestif « entre autres, et produisant par mécanisme réflexe la « dilatation pupillaire (1) ? »

C'est cette seconde hypothèse qui a paru probable à M. Vulpian dans le cas d'empoisonnement par l'aconit. Nous savons déjà par l'expérience XI, que le système nerveux ganglionnaire n'est pas atteint dans l'intoxication par le thalictrum macrocarpum puisqu'on a pu obtenir la dilatation de la pupille en excitant le bout central du nerf vaguo-sympathique sur un chien qui venait de mourir. L'extrait de thalictrum porté sur l'œil n'a pas non plus d'action évidente sur la pupille ainsi que nous l'avons observé dans plusieurs expériences que nous ne rapportons pas. D'autre part les

(1) Vulpian. — *Étude de pathologie expérimentale sur l'action physiologique des substances toxiques et médicamenteuses*, 2e fasicule, p. 335, 1876.

phénomènes déterminés sur le tube digestif, par le thalictrum macrocarpum sont assez intenses, et nous avions même cru tout d'abord être en droit de rapporter à ces phénomènes le mécanisme réflexe de la dilatation pupillaire, mais le fait suivant oblige de rejeter cette explication.

Un chien curarisé pour des expériences étrangères à notre sujet est soumis à la respiration artificielle, puis on sectionne un des nerfs vagues dans la région cervicale. Ses pupilles sont normales dans ces conditions expérimentales, c'est-à-dire que la pupille correspondante au nerf vaguo-sympathique sectionné est rétrécie, l'autre étant moyennement ouverte. On injecte alors dans une veine saphène une dose mortelle d'extrait de thalictrum. Au bout de dix minutes la mydriase pupillaire est très manifeste sur l'une et l'autre pupille.

Il est certain qu'on ne peut, dans ce cas, invoquer une action sur les viscères provoquant par voie réflexe la dilatation de la pupille, puisque le phénomène s'est montré du côté sain et du côté où le nerf vaguo-sympathique était coupé.

Il est donc probable que la dilatation de la pupille dans l'empoisonnement par le thalictrum macrocarpum se produit sous l'influence de l'action paralysante qu'exerce cet agent toxique sur le rameau de l'oculo-moteur qui innerve le sphincter irien ou sur les noyaux de substance grise qui mettent ce rameau en activité.

Les troubles des organes des sens n'ont guère été appréciables chez les animaux intoxiqués par notre substance. En ce qui concerne l'appareil de la vision le seul qui offre un intérêt véritable, nous ne pouvons rappeler que la dilatation de la pupille dont nous venons de parler. Les mouvements réflexes oculo-palpébraux bien que très amoindris ont souvent été conservés jusqu'aux derniers moments.

Durant les premières heures de l'intoxication produite par l'injection d'extrait de thalictrum, les animaux paraissent garder intactes leurs fonctions visuelles, et tout nous porte à croire que les nerfs optiques, même dans une période très avancée de l'empoisonnement, jouissent en grande partie de leurs propriétés. Nous citerons seulement à l'appui de ce fait le chien de l'expérience XXV. Cet animal arrivé à un état d'engourdissement très considérable, distinguait encore une traverse de table qu'il essayait vainement de franchir, car les forces lui manquaient et son corps restait suspendu sur cet obstacle.

Nous devons également penser que l'appareil auditif ne subit pas d'altération manifeste sous l'influence de notre agent toxique.

Dans les premières heures de l'empoisonnement nous avons remarqué que les chiens entendaient très bien les sons, celui de la voix par exemple, et lorsque l'affaiblissement était des plus marqués, ces animaux paraissaient encore jouir des sensations auditives. C'est ainsi que le bruit du trembleur de la machine de Siemens et Halske était encore perçu par le chien de l'expérience XXIII, vingt minutes avant sa mort. D'autres chiens arrivés à un état de prostation complète avaient encore quand on les appelaient des mouvements du pavillon de l'oreille très faibles, il est vrai, mais qui suffisent pour écarter l'idée de troubles profonds des nerfs auditifs.

C'est alors seulement que tout l'organisme atteint le summum d'affaiblissement, quand les animaux sont sur le point de mourir, qu'on peut observer l'extinction imminente es propriétés des organes des sens ainsi que l'abolition presque complète des fonctions du reste du système nerveux si déprimé déjà depuis longtemps.

En résumé de cette étude analytique des troubles déterminés par le thalictrum macrocarpum sur les centres nerveux, on peut conclure que la mort des animaux empoisonnés avec cet agent, est principalement, le fait d'un affaiblissement graduel du système nerveux central. Ces troubles paraissent relativement peu accusés du côté du cerveau ; mais ils exercent sur la moelle une action dépressive considérable, et la mort a lieu sans doute quand l'affaiblissement des centres nerveux devient incompatible avec l'existence.

Examinons maintenant si nous ne trouverons pas dans les autres appareils de l'économie d'autres phénomènes dus à l'action physiologique de notre plante, qui pourraient concourir à expliquer, dans une certaine mesure, l'abolition de la vie chez les animaux empoisonnés par le thalictrum macrocarpum.

b. *Action sur l'appareil digestif.* — Les phénomènes les plus apparents qui suivent l'affaiblissement paralytique produit par le thalictrum macrocarpum sont ceux dont l'appareil digestif est le siège.

Les expériences XIV, XXVI, XXVII, XXVIII, etc. relèvent des vomissements qui, sans être aussi repétés que ceux de l'aconitine, n'en sont pas moins très dignes d'attention.

L'expérience suivante met sous les yeux un chien empoisonné par injection hypodermique d'extrait de thalictrum et chez lequel ces vomissements repétés sont des plus évidents, ainsi que les efforts de vomissement.

Expérience XXV. — Chien bull-terrier, du poids de 15 kilogrammes. Température rectale, 38°7. Mouvements respiratoires, 19 par minute. Pulsations de l'artère fémorale, 110 par minute. Pupille un peu grande (chien à cataracte).

1 h. 35 m. On fait à ce chien une injection hypodermique de 3 gr. d'extrait de thalictrum dissous dans l'eau distillée. L'animal salive un peu après l'injection, il se gratte au niveau des points injectés.

2 h. Il rend des excréments moulés et des matières diarrhéiques colorées en vert clair par la bile.

Il a 22 respirations par minute assez profondes.

On compte 200 pulsations par minute. La température est de 38°,6.

2 h. 30 m. Les battements du cœur sont forts. L'animal se couche, il est déjà affaibli; quand on le force à marcher, il fait quelques pas, et se recouche aussitôt.

2 h. 50 m. Sensiblement le même état, de plus le chien chancelle quand on le force à faire quelques pas; il paraît très abattu.

4 h. 30 m. On compte 32 respirations par minute et 200 pulsations. L'animal est très affaibli il reste toujours couché. Quand on le met sur ses jambes il titube et se recouche. On constate qu'il est attentif à la voix.

5 h. Il vomit deux fois de suite des aliments colorés par de la bile.

On s'aperçoit qu'il urine goutte à goutte.

5 h. 10 m. Il a encore un vomissement bilieux, ses pupilles sont dilatées, la prostration devient extrême.

5 h. 15 m. Le chien se lève, il a encore un vomissement. La respiration est très profonde et difficile.

5 h. 40 m. L'animal est pris d'un flux de diarrhée, il a des efforts de vomissements et continue à uriner goutte à goutte.

6 h. Nouveaux efforts de vomissement. — Le chien fait quelques pas spontanément, il cherche à éviter une traverse de table qui lui barre le passage, la force lui manque pour la franchir, son corps reste suspendu après cet obstacle.

On compte 32 respirations par minute très profondes, chaque mouvement respiratoire s'accompagne de l'élévation des commissures labiales. Les battements du cœur ont perdu la force du début. Le pouls est irrégulier, fréquent. La sensibilité a presque disparu aussi bien dans les membres qu'à la face. Les pupilles sont dilatées Le sphincter anal est relaché. La température de l'animal est de 36°. Il perd encore ses urines.

6 h. 15 m. Il a une extension avec raideur générale.

6 h. 20 m. Le cœur s'arrête par instant la respiration continue avec des mouvements respiratoires très profonds, très difficiles. Le cœur s'arrête complètement, l'animal est pris d'une nouvelle extension avec raideur généralisée. Deux mouvements respiratoires ont encore lieu et, le chien meurt.

A l'autopsie on trouve le cerveau anémié. Le cœur est en diastole, sans ecchymoses sous-endocardiques. Les poumons sont sains.

L'animal qui fait l'objet de l'expérience suivante n'a reçu qu'une dose faible d'extrait de thalictrum, et il a eu néanmoins des vomissements. Le retour à l'état normal s'est d'ailleurs effectué d'une manière complète après des phénomènes très marqués d'intoxication.

Expérience XXVI.— Chienne mâtinée, du poids de 8 kilogrammes.

3 h. 10 m. Cet animal reçoit une injection de 68 centigrammes d'extrait aqueux dans une veine saphène. Détaché aussitôt après l'injection, il parait notablement abattu.

3 h. 30 m. Il rend des matières fécales solides et il urine. Le pouls compté sur l'artère fémorale est de 100 pulsations par minute. La température de l'animal prise dans le rectum est de 37°. Cet animal est manifestement faible, triste et reste couché sur le ventre. Quand on l'excite en lui pinçant une patte il ne pousse pas de cris de douleur, il fait quelques pas, se réfugie dans les coins obscurs et se recouche aussitôt.

4 h. Il vomit et présente toujours le même état d'affaiblissement.

4 h. 30. L'animal a un nouveau vomissement, et reste toujours couché dans le même état de prostration.

Le lendemain il nous a paru complètement remis et ce jour ainsi que les jours suivants, il n'a présenté rien de particulier.

Dans d'autres cas, comme dans les expériences XXVI et XXXIII, on n'a noté que des efforts de vomissement sans vomissements réels.

L'action de l'extrait de thalictrum sur le tube digestif s'est encore manifestée dans beaucoup d'expériences, par de la défécation simple.

D'autres fois (exp. XV, XXV, etc.) on a observé des selles diarrhéiques plus ou moins abondantes et plus ou moins colorées par la bile.

Un chien (exp. XX) du poids de dix kilogrammes, qui avait reçu en injection hypodermique cinq grammes d'extrait de thalictrum, expulse au bout de deux heures environ des matières fécales teintées de sang. A l'autopsie sur toute l'étendue de l'intestin grêle, on trouve la muqueuse rouge couverte de très petites taches ecchymotiques, disséminées ou confluentes.

Des expériences plusieurs fois répétées nous ont permis de constater que l'extrait de thalictrum introduit dans l'estomac au moyen de la sonde œsophagienne, ne déterminait qu'une action évacuante de l'intestin avec des efforts de vomissement.

Cet ainsi que dans cinq ou six expériences de ce genre on n'a pas vu survenir d'effets toxiques mortels, et l'empoisonnement n'est pas allé plus loin que les symptômes qui viennent d'être rappelés. Ces expériences étant identiques, nous ne relatons ici qu'une d'entre elles, l'expérience XXVII.

Expérience XXVII.— Jeune chien mâtiné, du poids de 11 kilogrammes. Température rectale 39·5. 100 pulsations de l'artère fémorale par minute. 19 mouvements respiratoires.

2 h. 50 m. On introduit dans l'estomac, au moyen de la sonde œsophagienne, 20 grammes d'extrait aqueux de thalictrum dissous dans 150 grammes d'eau.

3 h. 15 m. L'animal au début de l'expérience était d'une gaîté exceptionnelle, il est maintenant devenu très triste.

Son pouls est monté à 130 pulsations par minute.

3 h. 40 m. Il fait des efforts répétés de vomissements.

Les mouvements respiratoires sont de 24 par minute.

Le nombre des pulsations a encore augmenté, il est de 140 par minute.

La température s'est abaissée, elle est de 38·2.

L'animal frissonne violemment ; il se couche visiblement affaibli.

3 h. 50 m. Il se lève, les contractions de ses flancs paraissent indiquer de la douleur abdominale, des coliques.

4 h. Au début le chien avait rendu des excréments très secs, à ce moment là il est pris d'un flux de diarrhée très abondant.

4 h. 10 m. L'animal a de nouveau des frissons répétés et paraît très abattu, il reste couché.

5 h. Il ne frissonne plus ; il reste toujours couché.

6 h. Le chien paraît aller mieux, il se lève quand on l'appelle et redevient caressant.

Le lendemain il était parfaitement rétabli.

Ainsi une dose de 20 grammes d'extrait introduite dans l'estomac n'a pas amené la mort de l'animal. On a déjà remarqué en étudiant l'action toxique du thalictrum macrocarpum, p. 110, que l'extrait de cette plante est supporté beaucoup plus facilement en injection intra-stomacale que lorsqu'il est introduit dans l'organisme de toute autre façon. C'est ainsi que le chien de l'expérience précédente s'est rétabli après avoir présenté des efforts répétés de vomissement, des coliques, et un flux diarrhéique abondant.

Si l'on se reporte à une autre expérience analogue à celle-ci, exp. XXXV. p.73, on a sous les yeux un chien qui a reçu également dans l'estomac une dose considérable d'extrait, c'est-à-dire 7 grammes ; cet animal qui n'a pas succombé a eu aussi des selles diarrhéiques.

Les injections hypodermiques et intra-veineuses ayant, comme les injections intra-stomacales, présenté des effets semblables sur le tube digestif, il est évident qu'on ne saurait attribuer de pareils résultats à l'action irritante immédiate de l'extrait de thalictrum sur la muqueuse stomacale ou sur la muqueuse intestinale, et que nous sommes bien en présence d'une véritable action physiologique.

Il faut également rapporter aux phénomènes produits du

côté du tube digestif le relâchement du sphincter anal (exp. XXXI, XXIII, XXV), qui indique sans doute une action paralysante sur les origines centrales des nerfs qui animent ce muscle.

Les vomissements doivent-ils être rapportés à une action sur l'appareil digestif, quelle que puisse être d'ailleurs cette action? faut-il les attribuer à un effet sur le cœur, puisque nous avons vu que le cœur est atteint par le thalictrum macrocarpum et que la physiologie nous enseigne que les poisons du cœur déterminent des vomissements répétés? Nos expériences ne sont pas assez mombreuses et notre étude se trouve par conséquent trop incomplète pour essayer de trancher la question. Les mêmes raisons nous obligent à ne pas discuter le mécanisme physiologique intime qui peut déterminer les effets purgatifs que nous avons notés. Nous rappelons seulement que la plupart des agents toxiques puissants déterminent des phénomènes intestinaux analogues.

c. *Action sur la respiration.* — Examinons maintenant l'influence de l'extrait de thalictrum sur la respiration.

Le chien de l'expérience XIV, avait 20 mouvements respiratoires par minute au début de l'expérience. Dix minutes après lui qu'on a injecté sous la peau 3 grammes d'extrait de thalictrum, le nombre des mouvements respiratoires est doublé. Au bout d'une heure et demie on comptait encore 40 respirations par minute, régulières, et une demi heure plus tard les mouvements respiratoires atteignaient 60 par minute. 30 minutes avant la mort, l'animal n'a plus que des respirations saccadées, très profondes distantes les unes des autres. Un peu plus tard, le cœur, très irrégulier s'arrête de temps en temps pendant plus d'une minute, quelquefois il reprend après plusieurs respirations profondes, analogues à celles que nous avons signalées. La respiration et les mouvements cardiaques continuent ainsi d'une façon très irrégulière pendant quelques minutes et l'animal meurt.

Un autre chien (exp. XVIII), avait avant l'expérience 17 respirations par minute à peu près régulières. Trois minutes après l'injection intra-veineuse de 2 grammes d'extrait les respirations sont au nombre de 29 par minute. La hauteur des ondes respiratoires qui était de 28 millimètres à 29 millimètres a diminué de 22 à 23 millimètres. Dix minutes après l'injection les respirations sont de 17 par minute, elles forment des courbes dont la hauteur n'est plus diminuée que de 11 millimètres. Vingt minutes après le début de l'expérience les mouvements respiratoires sont au nombre de 17 par minute; 2 minutes plus tard on compte 22 respirations avec quelques irrégularités.

Dans l'expérience XXIII un chien respire 19 fois par minute. On l'empoisonne dans l'espace de cinq heures avec 3 grammes d'extrait. Au bout de deux heures et demie cet animal a 36 respirations par minute; après quatre heures on en compte 32. Une heure environ avant la mort ce chien avait 36 respirations par minute. Au moment de la mort, le cœur s'arrête, la respiration est suspendue pendant une minute, puis deux mouvements respiratoires successifs ont encore lieu; une minute après on remarque encore un dernier mouvement respiratoire.

Voici encore un autre chien (exp. XX) présentant 20 respirations par minute. On l'empoisonne avec de l'extrait de thalictrum. Trois heures après on compte 28 mouvements respiratoires réguliers, et quelques minutes plus tard la respiration est devenue saccadée, difficile, lente. Le cœur s'arrête; trois mouvements respiratoires ont encore lieu après l'arrêt de cet organe. L'animal est mort.

L'expérience XXV nous montre un chien qui a 19 respirations par minute, on l'empoisonne par injection hypodermique d'extrait de thalictrum. Une demi-heure après il a, par minute, 22 respirations assez profondes. Au bout de trois heures on compte 32 respirations par minute. Au bout de cinq heures on comptait également 32 respirations très amples, chaque mouvement respiratoire s'accompagnait de l'élévation de la commissure labiale. Quelques minutes plus tard le cœur s'arrête par instants, la respiration continue avec des mouvements respiratoires très développés et très difficiles. Le cœur s'arrête complètement, l'animal est pris d'une nouvelle extension avec raideur générale. Deux mouvements respiratoires ont encore lieu et l'animal meurt.

Expérience XXVI, un chien qui a 19 mouvements respiratoires par minute reçoit dans l'estomac de l'extrait de thalictrum. Au bout d'une demi-heure, l'animal respire 24 fois par minute.

On note également une accélération de la respiration dans les expériences XXIX et XXXV.

Dans l'expérience XV, on fait à un chien une injection intra-veineuse de 2 grammes d'extrait. Cinq minutes après on ne sent plus le cœur battre et le pouls est impossible à trouver sur l'artère fémorale ; on observe encore des mouvements respiratoires pendant deux minutes et la mort à lieu.

Un fait à peu près semblable est relaté dans l'expérience XVI pratiquée sur un chien, dans l'expérience XVII qui a eu lieu sur un lapin, et dans deux autres expériences (ex. XXI. exp. XXXIII) faites sur des chiens.

Dans l'expérience XXXIV, on voit encore un chien tué très rapidement par un gramme et demi d'extrait. Au moment de la mort on constate que les pulsations cardiaques deviennent extrêmement rapides, désordonnées ; l'animal meurt presque tout d'un coup après avoir eu une convulsion suprême. Quelques mouvements respiratoires ont été perçus après que le cœur a eu cessé de battre.

Expérience XXII, un chien qui a reçu une dose non mortelle d'extrait présente au bout de 45 minutes 30 respirations par minute, au lieu de 17 à 20 respirations nombre physiologique.

Toutes ces expériences montrent que la respiration s'accélère d'une manière remarquable, quand les animaux commencent à subir l'influence du thalictrum macrocarpum. Le nombre des mouvements respiratoires double souvent, et cette accélération se maintient en général presque jusqu'aux derniers moments, avec un rhythme à peu près régulier. L'amplitude de ces mouvements respiratoires est également très digne d'attention. Souvent au début de l'expérience, il est fort difficile de voir le thorax des chiens se dilater. Mais quand ces animaux ont reçu la substance toxique, l'amplitude des mouvements du thorax permet de compter facilement les mouvements de la respiration.

Dans l'expérience suivante, on a étudié à l'aide de tracés pneumographiques les diverses modifications des mouvements respiratoires qui se produisent sous l'influence de l'extrait de thalictrum.

Expérience XXVIII. — Chien mâtiné, bien vigoureux, du poids de 150 kilogrammes.

On prend un premier tracé pneumographique sur l'animal à l'état normal. On compte 42 respirations par minute avec quelques irrégularités, l'animal poussant des soupirs.

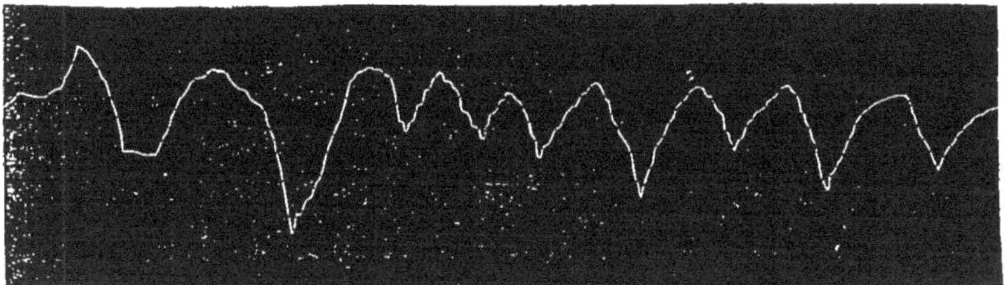

Figure 1. — Tracé de la respiration thoracique avant l'injection d'extrait de thalictrum.

2 h. 50 m. Après avoir introduit dans la veine saphène un gramme d'extrait dissous dans 30 grammes d'eau, on prend aussitôt un deuxième tracé. Les mouvements respiratoires sont plus étendus et au nombre de 53 par minute. L'animal est en repos et ne s'agite pas.

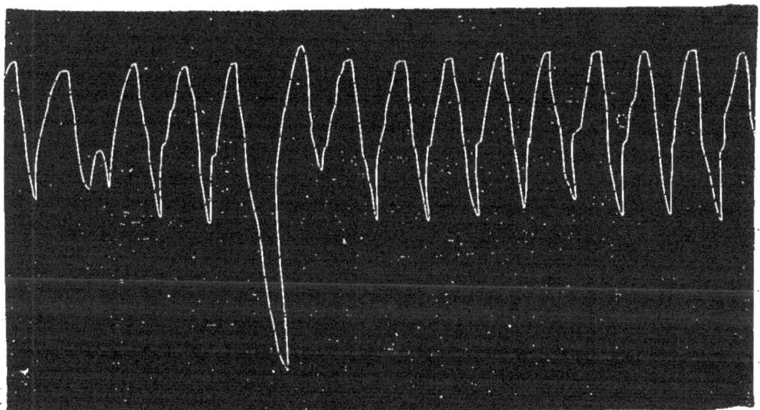

Figure 2. — Tracé des mouvements respiratoires du thorax après injection de 1 gr. d'extrait de thalictrum.

2 h. 55 m. Troisième tracé. On compte 43 respirations par minute très accélérées pendant la première moitié du tracé, irrégulières comme rhythme et comme intensité pendant la seconde moitié.

2 h. 60 m. Quatrième tracé. 55 respirations par minute, avec de nombreuses irrégularités. L'animal rend des matières fécales moulées.

3 h. 5 m. Cinquième tracé. 45 respirations par minute, avec des ir-

régularités et une augmentation manifeste de l'amplitude des courbes respiratoires.

3 h. 10 m. Sixième tracé. 45 respirations par minute. L'animal présente tous les phénomènes d'intoxication rapportés dans les expériences précédentes. Il est détaché et reste couché sur la table sans mouvement. La sensibilité réflexe des membres est nulle, les mouvements réflexes de la face sont conservés.

3 h. 15 m. Septième tracé. 42 respirations par minute. Dans ce tracé ainsi que dans les deux précédents on observe un certain rhythme dans les irrégularités qu'il présente. Après trois où quatre respirations régulières vient un mouvement respiratoire beaucoup plus étendu. On compte 12 de ces grandes respirations.

3 h. 20 m. Huitième tracé. 50 respirations par minute. Les grandes respirations ne se montrent plus qu'après 6 ou 8 petits mouvements respiratoires assez réguliers.

3 h. 25 m. Neuvième tracé. 51 respirations, ce tracé est assez analogue au septième.

3 h. 30 m. Dixième tracé. Analogue au précédent.

3 h. 35 m. Onzième tracé. 9 grands efforts de respiration.

3 h. 40 m. Treizième tracé. Les grands efforts de respiration au nombre de 12 par minute; ces deux derniers tracés sont d'ailleurs assez analogues aux précédents. Entre 3 h. 40 et 4 h. 20 il est survenu deux vomissements.

4 h. 20 m. Quatorzième tracé. 74 respirations par minute régulières.

4 h. 25 m. Quinzième tracé. 42 respirations par minute, à peu près semblables aux précédentes.

4 h. 30 m. Seizième tracé. 23 respirations par minute, moins fortes que dans les tracés précédents.

4 h. 35. Dix-septième tracé. 22 respirations par minute, par moment ces respirations sont très faibles.

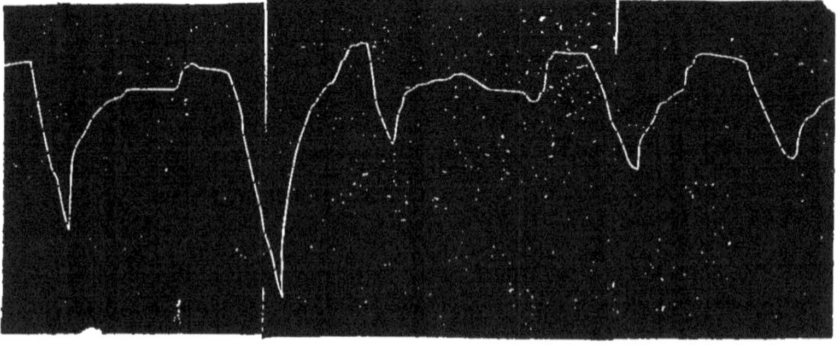

Figure 3. — Tracé pris 40 m. après injection de 1 gr. d'extrait de thalictrum.

4 h. 20 m. Dix-huitième tracé. Les pupilles sont dilatées, on voit que les muqueuses des lèvres sont décolorées. Le cœur s'arrête, on observe encore deux respirations bien marquées.

4 h. 21 m. Dix-neuvième tracé. Il se fait encore pendant deux minutes quelques derniers mouvements respiratoires à peine sensibles.

Cette expérience montre encore que les mouvements respiratoires deviennent très fréquents aussitôt après l'injection de la substance toxique, ils sont aussi plus étendus. La fréquence de la respiration plus ou moins régulière, persiste presque jusqu'aux derniers moments de l'animal, ainsi que l'augmentation de l'amplitude des courbes respiratoires. Quelques minutes avant la mort, ces mouvements respiratoires deviennent faibles et diminuent de nombre. Dans ce cas comme dans beaucoup d'autres, on observe, après l'arrêt du cœur quelques dernières respirations.

Ajoutons que l'examen cadavérique (exp. XVI, XXIII etc.) n'a jamais permis de constater une lésion macroscopique des poumons.

De quelle façon les centres bulbaires sont-ils influencés par le thalictrum macrocarpum? C'est une question difficile que nous n'avons pas tenté d'élucider dans ce travail.

d. *Action sur le sang.*— Nous n'avons pas recherché, au moyen d'expériences spéciales, ce que devenaient les gaz expirés pendant la période des troubles respiratoires que nous venons de constater chez les animaux empoisonnés par le thalictrum macrocarpum. Mais nous avons étudié l'action que cet agent toxique peut avoir sur le sang.

Cette étude a été faite uniquement sur des grenouilles au moment où elles présentaient des symptômes manifestes d'intoxication, et l'examen spectroscopique n'a pu alors, dans aucun cas, nous fournir la preuve d'une altération quelconque du sang. On a toujours retrouvé entre les divisions D et E du spectre, les deux bandes d'absorption de l'hémoglobine avec leur position et leur largeur normales ; l'une plus nette, sombre et étroite, près de la raie D, l'autre, plus large et plus pâle, près de la raie E.

Chez les mammifères, on a essayé de déterminer la richesse en oxygène du sang de ces animaux au moment où ils étaient sous le coup de l'empoisonnement produit par notre agent toxique. Tel a été le but de l'expérience suivante pratiquée sur un chien.

Expérience XXIX. — Chien épagneul, du poids de 7 kilogrammes, non engourdi par le curare, non anesthésié par le chloroforme, l'éther, etc.

9 h. On prend à cet animal 5 grammes de sang dans l'artère fémorale gauche. Le chien, pendant cette opération, gémit et se remue vivement, bien qu'il soit attaché..

On détermine alors au moyen de l'appareil de M. Schützenberger la richesse en oxygène du sang qu'on vient d'enlever à l'animal.

On trouve qu'il a fallu employer 126'0 divisions d'hydrosulfite de soude pour ramener la solution d'indigo à sa coloration normale.

9 h. 30 m. On injecte alors par voie hypodermique 4 grammes d'extrait de thalictrum.

11 h. L'animal ne présente pas de signe bien évident d'intoxication.

12 h. Le pouls et la respiration sont accélérés.

1 h. Le chien paraît engourdi, il reste étendu sur un tapis dans la position habituelle aux chiens couchés sur le ventre. Il est d'ailleurs attentif quand on l'appelle, mais ne bouge pas.

2 h. 30 m. On met alors l'artère fémorale droite à nu sur l'animal déjà très engourdi par l'action du thalictrum macrocarpum. On observe qu'il paraît insensible à cette opération, et qu'il n'a aucun mouvement de réaction. Un deuxième examen est fait avec l'appareil de M. Schützenberger sur le sang qu'on vient de prendre, on constate qu'il faut 150'8 divisions pour régénérer la solution d'indigo.

3 h. Après ce dernier examen on observe que l'animal est devenu excessivement faible, le cœur ne bat plus qu'avec lenteur et les battements sont peu énergiques.

La trachée est mise alors à découvert, et on fait la respiration artificielle, puis on incise le thorax pour observer le cœur de visu.

3 h. 30. La respiration artificielle se fait bien, le thorax divisé sur la ligne médiane sans que l'écoulement du sang ait gêné dans cette opération pratiquée d'après le procédé depuis longtemps employé par M. Bochefontaine, au laboratoire de M. Vulpian, permet de voir le cœur à nu. Cet organe bat irrégulièrement et lentement. Le doigt appliqué directement sur le ventricule cardiaque gauche permet d'apprécier le peu d'énergie des mouvements cardiaques.

3 h. 35 m. Le pneumogastrique faradisé dans la région cervicale arrête immédiatement le cœur. On interrompt le courant, le cœur se remet à battre irrégulièrement.

3 h. 40 m. L'animal est mourant, on pique à ce moment le ventricule gauche avec une fine canule et on injecte dans la cavité ventriculaire quelques gouttes d'extrait aqueux de thalictrum suffisamment étendues d'eau. Immédiatement le cœur devient tumultueux pendant quelques secondes, les battements s'apaisent un peu, puis cessent tout à fait.

D'après cette expérience il ressort que le sang de l'animal empoisonné par le thalictrum macrocarpum est, en somme, plus riche en oxygène que le sang pris sur le même animal avant qu'il ait subi l'influence de l'agent toxique. En effet, dans le premier cas il a fallu employer 150'8 divisions d'hydrosulfite de soude pour régénérer la solution d'indigo, tandis que dans le second, on n'avait dû en employer que 126'0.

Ce fait est en réalité facile à expliquer, car l'expérience porte que le chien s'est agité en criant sous l'influence de la douleur, la première fois qu'on lui a pris du sang. Il n'était ni curarisé ni anesthésié par le chloroforme. En s'agitant ainsi, il a transformé plus d'oxygène en acide carbonique que la seconde fois où on lui a repris du sang. A ce moment, l'animal était depuis longtemps déjà engourdi par l'extrait de thalictrum, et n'a présenté aucune espèce de réaction quand on lui a fait une nouvelle incision pour découvrir son artère fémorale droite ; aussi le sang s'est trouvé moins chargé d'acide carbonique et plus riche en oxygène avec une couleur vermeille, visiblement plus accentuée dans le second cas que dans le premier.

Il n'est guère admissible de penser que le phénomène que nous venons de rapporter, soit produit par une altération du sang plus ou moins analogue à celle que produit l'intoxication par l'oxyde de carbone, intoxication dans laquelle on observe aussi une rutilance exagérée du sang. On sait d'ailleurs, comme Claude Bernard l'a fait remarquer, que, dans les cas de section nerveuse, on observe dans les muscles de la partie du corps frappée dans sa motilité, un sang moins chargé d'acide carbonique que dans les muscles d'un autre membre possédant toutes ses fonctions, et cela pour les raisons que nous avons données à propos de notre expérience. L'engourdissement paralytique, qui se manifeste chez les animaux empoisonnés par notre substance, permet donc de s'arrêter à l'explication que nous avons fournie.

En résumé, on ne saurait dire que le sang subit une altération appréciable dans l'intoxication produite par le thalictrum macrocarpum, les globules sanguins sont au contraire plus chargés d'oxygène qu'à l'état normal, fait qui peut être expliqué par les phénomènes paralytiques dus à l'action de cette renonculacée.

e. *Action sur la circulation.* — Les phénomènes qu'on a constatés dans l'empoisonnement par le thalictrum macrocarpum du côté de l'appareil circulatoire sont mis en relief dans le résumé des expériences suivantes.

Un chien, dans l'expérience XIV, avait par minute 108 pulsations de l'artère fémorale. On lui fait une injection hypodermique d'extrait de thalictrum. Dix minutes après on compte 200 pulsations. Au bout de 2 heures 30 minutes, on en trouve 210. Plus tard, on constate que le cœur est devenu très irrégulier, qu'il s'arrête de temps en temps quelquefois pendant plus d'une minute, et repart ensuite, après réapparition de deux ou trois respirations profondes. Les mouvements cardiaques et respiratoires continuent ainsi d'une façon très irrégulière pendant quarante minutes, et l'animal meurt.

Le chien de l'expérience XX a normalement 60 pulsations par minute ; il reçoit par injection hypodermique cinq grammes d'extrait. Le pouls présente une demi-heure après 160 pulsations par minute ; un peu plus tard on en compte 120. Au bout de quatre heures, ce chien avait encore 100 pulsations régulières par minute. Dix minutes après son cœur s'arrête, trois mouvements respiratoires ont encore lieu, et l'animal meurt.

Dans l'expérience XXII, on a noté encore l'accélération de la circulation chez un chien qui avait reçu une dose non mortelle d'extrait de thalictrum.

Un chien (exp. XXIII) a 120 pulsations de l'artère fémorale avant l'injection de 3 grammes d'extrait par la méthode hypodermique. Une demi-heure après, les pulsations sont au nombre de 188 par minute. Au bout de deux heures, on en compte 216. On constate à ce moment que les mouvements du cœur sont vigoureux, mais que le pouls est petit. Une demi-heure plus tard, on trouve 180 pulsations, les lèvres de l'animal sont pâles, décolorées. Au bout de 5 heures après l'injection, un simple tressaillement sous le doigt indique que la fémorale bat encore. Les pulsations cardiaques sont au nombre de 132; elles sont assez énergiques. La muqueuse buccale est pâle sans être exsangue. Une demi-heure plus tard, la respiration est devenue difficile, le cœur a des mouvements plus faibles, les contractions de cet organe présentent par instant de l'irrégularité comme force et comme rhythme. L'animal, quelques minutes après, a 92 mouvements du cœur par minute, presque réguliers. Soudain on constate l'arrêt de cet organe, puis on observe trois derniers mouvements respiratoires.

Dans l'expérience XXV, un chien bien portant présente 110 pulsations par minute. Il reçoit 3 grammes d'extrait de thalictrum par méthode hypodermique. Uue demi-heure après on compte 200 pulsations de la fémorale. On trouve ce même nombre après 3 heures et après 4 heures d'empoisonnement. Une demi-heure plus tard, les lèvres de l'animal sont pâles, décolorées, les battements du cœur ont perdu leur force du début. Le pouls est irrégulier, fréquent. Quelques minutes avant la mort, le cœur s'arrête par instants, la respiration continue avec des mouvements respiratoires très profonds, très difficiles. Le cœur s'arrête complètement; deux mouvements respiratoires ont encore lieu; le chien meurt.

Le nombre des pulsations de l'artère fémorale est augmenté chez le chien de l'expérience XXVI, qui avait reçu une dose d'extrait de thalictrum non mortelle.

Les expériences XXIX et XXXV relatent aussi une accélération du pouls.

Dans l'expérience XXXIV, un chien présente, immédiatement après l'injection d'extrait de thalictrum dans les veines, des pulsations cardiaques extrêmement rapides, désordonnées. L'animal meurt pour ainsi dire tout d'un coup à la suite d'une convulsion générale suprême. Quelques mouvements respiratoires ont été perçus lorsque le cœur avait cessé de battre.

Un fait analogue a lieu dans l'expérience XXXIII sur un chien également.

On fait sur un lapin, expérience XVII, une injection intra-veineuse d'extrait de thalictrum. Au bout de dix minutes on constate l'arrêt du cœur ; deux mouvements respiratoires ont encore lieu, cet organe est arrêté.

Un chien, expérience XVI, reçoit une injection d'extrait; les mouvements respiratoires deviennent immédiatement rares et les pulsations artérielles ne sont plus perçues à l'artère fémorale.

Dans l'expérience XV, on introduit deux grammes d'extrait dans les veines d'un chien. Aussitôt après l'injection, on ne sent plus le cœur battre, et le pouls est impossible à trouver sur la fémorale. Des mouvements respiratoires se montrent encore pendant deux minutes.

De toutes les expériences qui viennent d'être rappelées, il ressort que le thalictrum macrocarpum accélère d'abord la circulation d'une manière très considérable. Quand la substance toxique est introduite dans l'économie par la méthode hypodermique, cette accélération persiste pendant longtemps, puis dans la dernière période de l'empoisonnement, alors seulement que la mort est la terminaison fatale, le pouls devient irrégulier ainsi que les mouvements cardiaques, et cette irrégularité s'accentue d'une façon remarquable jusqu'au moment de la mort.

Que l'extrait de thalictrum soit introduit directement dans les veines, qu'il soit inséré sous la peau, les mêmes phénomènes peuvent survenir. Ils surviennent encore, sauf l'irrégularité finale que nous n'avons pas observée, quand on porte dans l'estomac l'agent toxique à l'état d'extrait aqueux dissous avec une quantité convenable d'eau. Il semble que cette substance, introduite par cette voie l'économie, même à des doses extrêmement élevées, ne puissedéterminer la mort, ainsi quenous l'avons déjà fait remarquer au chapitre relatif à la toxicité.

Pour continuer ce quenous avons à dire sur la circulation, nous rapportons encore l'expérience suivante dans laquelle nous avons observé directement, moins complètement que nous ne l'aurions désiré, l'état du cœur lors de la dernière période de l'empoisonnement.

Expérience XXX. — Chien griffon mâtiné ; poids 14 kilogrammes.

3 h. 20. On engourdit l'animal par le curare, et on fait la respiration artificielle. Le cœur est ensuite mis à nu, par le même procédé que dans l'expérience xxix.

3 h. 35 m. On compte 164 battements du cœur par minute, on sent avec le doigt que cet organe se contracte vigoureusement et d'une façon régulière.

3 h. 37. On injecte dans une veine saphène un gramme et demi d'extrait de thalictrum. Immédiatement après les mouvements du cœur atteignent une fréquence qui ne permet pas de les compter. Ces battements sont encore vigoureux.

3 h. 47 m. Les battements diminuent d'intensité et deviennent moins fréquents.

3 h. 50. Le cœur cesse de battre régulièrement. Les battements sont irrégulièrement espacés et ralentis. Le cœur s'arrête, la compression de l'aorte faite à ce moment permet à l'organe de la circulation de reprendre de l'énergie ; il bat pendant une minute environ avec des mouvements assez réguliers. On cesse la compression de l'aorte.

3 h. 52 m. Les battements du cœur deviennent fréquents puis se ralentissent de nouveau.

3 h. 53 m. Le cœur s'arrête complètement en diastole plein de sang.

On voit encore d'après cette expérience, qu'aussitôt après

l'injection intra-veineuse d'extrait de thalictrum, les mouvements du cœur devinnent très rapides puisqu'ils atteignent une fréquence qui ne permet pas de les compter, et que cependant ils sont assez énergiques. Bientôt les pulsations cardiaques deviennent moins vigoureuses, se ralentissent, présentent de l'irrégularité, et le cœur finit par s'arrêter en diastole.

Que devient la tension du sang chez les animaux qui succombent à l'intoxication par le thalictrum macrocarpum? L'expérience suivante nous indique les modifications produites par l'extrait de thalictrum sur la pression artérielle, modifications qui ont été recherchées au moyen de tracés hémodynamométriques, pris dans l'artère carotide d'un chien non curarisé, empoisonné par injection intra-veineuse d'un gramme et demi d'extrait.

Expérience XXXI. — Chien mâtiné, du poids de 16 kilogrammes, bien portant.

3 h. 7 m. Température rectale, 38°7. On prend un tracé hémodynamométrique dans l'artère carotide, l'animal étant dans l'état normal non engourdi par la curare, non anesthésié par le chloroforme, l'éther, etc. Les respirations sont au nombre de 17 par minute, à peu près régulières. On compte 124 pulsations par minute. Pression moyenne, 140 millimètres.

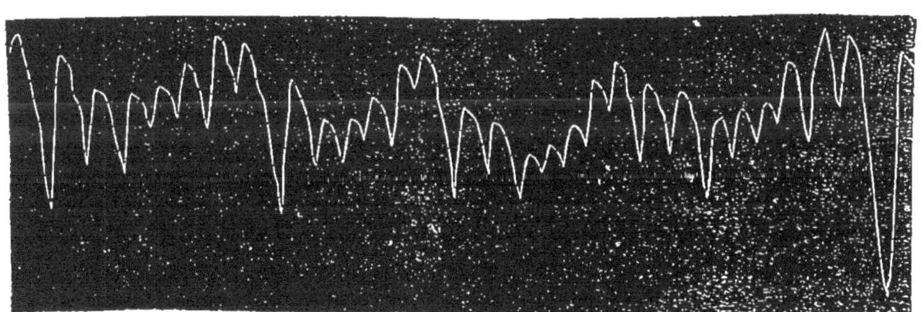

Figure 4. — Tracé pris avant l'injection d'extrait de thalictrum.

3 h. 11 m. On fait dans une veine saphène une injection de 1 gramme et demi d'extrait dissous comme il a été indiqué plus haut. L'animal est calme et ne présente rien de particulier.

3 h. 15 m. Deuxième tracé. Pression moyenne de 46 millimètres. 29 respirations par minute. Dans la première moitié de la minute il y a eu 41 pulsations par quart de minute. Dans la seconde demi-minute du tracé on compte 63 pulsations au quart. Les respirations sont régulières. Le pouls déjà affaibli dans la première moitié du tracé devient extrêmement faible dans la seconde moitié, de sorte que les petites courbes circulatoires sont à peine sensibles, et qu'au lieu d'avoir 6 millimètres de hauteur en moyenne, elles n'ont pas même un millimètre. La hauteur des ondes respiratoires est de 5 ou 6 millimètres, tandis qu'au début de l'expérience elles étaient en moyenne de 29 millimètres.

L'animal est en résolution à peu près complète.

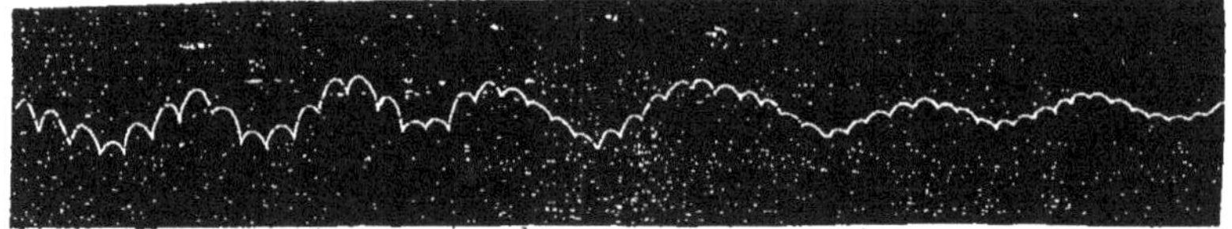

Figure 5. — Tracé pris après injection de 1 gr. 50 d'extrait de thalictrum.

3 h. 20 m. Troisième tracé. Même état à peu près de la circulation et de la respiration. L'animal est insensible à tout excès d'excitation mécanique exercée sur les membres. A la tête on peut encore observer.

3 h. 25 m. Quatrième tracé. Pression moyenne 80 millimètres, 17 respirations par minute, peu régulières, formant des courbes dont la hauteur varie entre 7 millimètres et 19 millimètres. Les couches systoliques sont toujours très faibles, elles sont au nombre de 69 par quart de minute. Pendant quelques secondes il a poussé des cris.

3 h. 26 m. Cinquième tracé. Pression moyenne, 70 millimètres environ. 67 pulsations par quart de minute. 16 à 17 respirations par minute. Il se forme un coagulum dans les conduits de l'appareil, on les nettoie.

3 h. 30 m. Sixième tracé. Pression moyenne 56 millimètres. 17 respirations par minute. On compte par quart de minute 66 pulsations toujours très faibles.

3 h. 32 m. Septième tracé. Pression moyenne; 24 millimètres, 22 respirations par minute avec quelques irrégularités et 67 pulsations.

3 h. 35 m. Huitième tracé. 35 mouvements respiratoires par minute peu énergiques et 67 pulsations. La pression moyenne est remontée, elle est de 66 millimètres. Température 38°, le sphincter est relâché.

3 h. 39 m. Neuvième tracé. Même état du pouls et de la respiration. On excite avec un courant faible les pneumogastriques non sectionnés, augmentation de la pression et accélération du pouls.

3 h. 40 m. Dixième tracé. Même état sensiblement de l'état du pouls et de la respiration. Section des pneumogastriques au milieu du cou, aussitôt la pression s'élève de 3 centimètres, et on observe l'accélération du pouls.

3 h. 43 m. Onzième tracé. On compte de 9 à 10 respirations par minute qui se manifestent par des courbes beaucoup plus considérables que les courbes des derniers tracés ; ainsi les courbes respiratoires de ce tracé ont 25 millimètres de haut, celles des tracés qui ont précédé la section n'avaient que 7 ou 8 millimètres de haut, 63 pulsations par quart de minute. On excite le bout supérieur d'un pneumogastrique, l'augmentation habituelle de la pression se produit.

3 h. 45 m. Douzième tracé. Même état de la respiration et du pouls. On excite le bout périphérique d'un pneumogastrique, on constate aussitôt la diminution de la pression. Quelques secondes plus tard on excite encore le bout inférieur, abaissement de la pression comme on le voit chez l'animal non intoxiqué.

3 h. 47 m. Treizième tracé. 14 respirations par minute plus faibles que dans les deux derniers tracés, les pulsations cardiaques sont également plus faibles. Pression moyenne de 36 millimètres.

3 h. 49 m. Quatorzième tracé. Le pouls devient si faible qu'il est impossible de le compter sur le tracé, de le sentir au toucher sur l'artère fémorale pas plus qu'au palper de la paroi précordiale. 13 ou 14 ondulations respiratoires très affaiblies.

3 h. 52 m. Quinzième tracé. Tracé analogue au précédent. Température 37°.

3 h. 54 m. Seizième tracé. Ondulations respiratoires au nombre d'une douzaine, très irrégulières, difficiles à distinguer à cause de cette irrégularité. La ligne des pulsations n'offre qu'une ligne tremblée. La pression s'abaisse. Emission d'urine.

3 h. 55 m. Dix-septième tracé. La pression est près de 0 ; on ne distingue que deux ou trois mouvements respiratoires très faibles au commencement de ce tracé. L'animal parait mort. Quelques secondes plus tard, sans qu'on puisse prendre d'autre tracé, l'animal à sept dernières respirations à plusieurs secondes d'intervalle et même à une minute d'intervalle. Pendant ces dernières respirations il a été impossible de percevoir les battements de l'artère fémorale et les battements du cœur.

Dans cette expérience, la pression moyenne chez l'animal sain est de 140 millimètres. Quatre minutes après l'injection, la pression diminue : elle est de 46 millimètres. Au bout de dix minutes elle se relève un peu, elle égale 80 millimètres; elle est de 70 millimètres sur le cinquième tracé, de 56 millimètres sur le sixième tracé, de 24 sur le septième dix-sept minutes après l'injection. Trois minutes se sont écoulées depuis le septième tracé et la pression moyenne est remontée : elle égale 66 millimètres. Sur le dixième tracé la pression s'élève encore de trois centimètres, au moment où l'on sectionne les nerfs pneumogastriques, mais sept minutes plus tard elle tombe à 36 millimètres. Quarante minutes environ après l'injection, quelques secondes avant la mort, la tension artérielle est nulle.

Voici encore une autre expérience faite sur un chien pour examiner la pression sanguine dans l'empoisonnement par l'extrait de thalictrum.

Expérience XXXII.—Jeune chien de chasse, du poids de 15 kilogrammes.

4 h. 50 m. Tracé normal avec l'hémodynamomètre fixé dans une artère carotide. L'animal est dans les mêmes conditions que celui de l'expérience.

Les mouvements respiratoires sont au nombre de quinze par minute, assez régulières. On compte 146 pulsations par minute. La pression moyenne est de 118 millimètres.

4 h. 53 m. On injecte dans une veine saphène deux grammes cinquante centigrammes d'extrait de thalictrum dissous dans une quantité d'eau convenable.

Deuxième tracé, pris immédiatement après l'injection. La première varie à chaque mouvement respiratoire entre 35 millimètres et 14 millimètres pendant le premier quart de minute; la pression moyenne est de 49 millimètres. La pression moyenne est de 20 millimètres environ dans le reste du tracé.

On compte 25 respirations par minute. La hauteur des ondes respiratoires était au début de l'expérience de 10 millimètres en moyenne. Dans le premier quart de minute du deuxième tracé, on observe 10 ondes respiratoires de 17 millimètres. Dans les trois quarts de minute suivants cette hauteur diminue beaucoup, elle n'est plus que de 3 millimètres en moyenne.

Dans la seconde demi-minute du tracé, on compte 63 pulsations au quart.

Le pouls est extrêmement faible de sorte que les petites courbes circulatoires sont à peine sensibles. Au lieu d'avoir 4 millimètres de hauteur en moyenne, elles n'ont pas même un millimètre.

4 h. 55 m. On observe sur un troisième tracé le même état de la respiration et de la circulation que dans la seconde demi-minute du tracé précédent.

L'animal rend des matières fécales diarrhéiques fortement colorées par la bile.

La pression moyenne de ce tracé est de 13 millimètres. Toutefois pendant quelques secondes il y a des ondulatious respiratoires qui atteignent sur le tracé une hauteur de 11 millimètres, de sorte que pendant ce temps la pression moyenne est de 20 millimètres.

5 h. Quatrième tracé. Les ondulations respiratoires sont insensibles La pression moyenne est de 12,5 millimètres. Même état du pouls. A la palpation on trouve que les mouvements cardiaques sont assez forts, mais on sent à peine le pouls fémoral. Le chien a ses pupilles dilatées.

5 h. 5 m. Dans les tracés suivants les ondulations respiratoires finissent par s'abaisser progressivement, en même temps que les ondulations du pouls, jusqu'à devenir nulles ; la pression s'affaiblit également.

5 h. 10 m. L'animal est pris tout d'un coup d'extension avec raideur des membres, son cœur ne bat plus, on compte encore trois ou quatre mouvements respiratoires très difficiles et la mort a lieu.

Nécropsie. — 5 h. 15 m. Le cadavre de l'animal ne présente aucune raideur musculaire. Le cœur est inexcitable tant oreillettes que ventricules, avec le plus fort courant de l'appareil à chariot.

En excitant les muscles et le nerf sciatique avec le courant minimum on ne voit aucune contraction. Il faut employer un courant de 30 centimètres d'écartement pour que le nerf sciatique provoque des mouvements, les muscles ne se contractent d'une façon nette qu'a 20 centimètres d'écartement.

5 h. 20 m. Le nerf sciatique n'est plus excitable qu'avec un courant de 10 centimètres d'écartement ; les muscles ne se contractent plus avec un pareil courant.

5 h. 25 m. Le nerf sciatique ne donne plus de mouvement sous l'influence du courant le plus fort. Les muscles ont aussi perdu toute excitabilité.

L'expérience précedente nous montre un chien qui a reçu dans une veine deux grammes cinquante centigrammes d'extrait de thalictrum, un gramme de plus que dans l'expérience XXXII. La pression moyenne était de 118 millimètres avant l'injection, aussitôt après elle tombe à 49 millimètres. Trois minutes plus tard elle n'est plus que de 13 millimètres. Sur le quatrième tracé éloigné de sept minutes du moment de l'injection, la pression est de 12,5 millimètres; elle baisse ainsi rapidement jusqu'à devenir nulle au moment de la mort distante de dix-sept minutes du début de l'expérience.

Il faut remarquer qu'après l'injection il y a eu immédiatement des respirations beaucoup plus fortes qui ont duré un quart de minute. Il est très probable que, si dilué que fût l'extrait de thalictrum injecté dans la veine, il a cependant pu exciter un instant les terminaisons des nerfs sensibles dans l'endocarde, de façon à produire momentanément cette augmentation si remarquable de la pression. Mais à partir du moment où ces hautes courbes respiratoires cessent, les mouvements respiratoires se traduisent à peine sur les courbes de la pression.

Nous rappellerons que M. Bochefontaine a déjà signalé à la Société de Biologie la disparition des ondulations caractéristiques des mouvements respiratoires dans les tracés hémodynamométriques, chez les mammifères (chiens) soumis à l'action de certaines doses d'alcool, de salicylate de soude etc. Ces substances paralysantes du système nerveux central, empêchent donc l'élévation relativement considérable qui se produit dans la pression sanguine intra-artérielle lors des mouvements respiratoires, au moment de l'expiration. Cette diminution, si évidente de la pression, lors de l'expiration n'est pas due à une diminution de l'amplitude des mouvements respiratoires du thorax, puisque nous avons constaté au moyen du pneumographe que les efforts réels de

(1 Comptes-rendus des séances de la Société de Biologie, 1880.

respiration thoracique ne sont pas diminués mais au contraire augmentés.

Nous ne rapporterons pas une autre expérience faite de la même manière que l'expérience précédente, et qui a donné les mêmes résultats que ceux des expériences XXXI et XXXII, c'est-à-dire un abaissement considérable et rapide de la pression, une accélération extrême du pouls, et la disparition à peu près complète des courbes respiratoires dans les tracés hémodynamométriques.

Dans un autre cas, nous avons employé en même temps, sur un chien empoisonné par le thalictrum, le sphygmoscope et le pneumographe; les résultats de cette double investigation sont encore venus confirmer ce que nous avons dit relativement à la respiration et à la circulation.

D'après ce que nous savons de la diminution considérable de la tension artérielle chez les animaux intoxiqués par notre substance, on s'expliquera facilement la décoloration observée du côté des muqueuses, notamment des muqueuses labiale et buccale (exp. XXIII, XXVIII etc.) qui sont pâles sans être exsangues.

Ce fait trouve aussi son explication dans l'action que le thalictrum macrocarpum exerce certainement sur le cœur, action qui ressort de l'exposé que voici.

On a fréquemment noté dans le cours de notre étude expérimentale que les battements du cœur, perçus par la palpation à travers la paroi précordiale d'un mammifère intoxiqué, étaient énergiques et que cependant il était presque impossible de percevoir le phénomène du pouls, le pouls de l'artère fémorale par exemple. Ce fait est d'une grande importance car il prouve que la circulation périphérique est peu active, et que l'organe de la circulation se contracte pour ainsi dire à vide, sans résultats effectifs, quoique ses contractions soient doublées en nombre, aussitôt que la substance toxique est introduite en certaine proportion dans l'économie.

Faut-il rechercher la cause de ce trouble fonctionnel du cœur, dans l'influence que pourrait avoir l'extrait de thalictrum sur l'innervation de cet organe?

On a déjà mentionné plus haut que le système nerveux cardiaque paraissait respecté dans l'empoisonnement du thalictrum macrocarpum, et l'on peut se reporter à l'expérience pour être convaincu de ce fait. Cette expérience relate que les excitations faradiques des nerfs pneumogastriques, soit sectionnés ou non sectionnés, se passent peu de temps avant le mort chez l'animal intoxiqué par notre substance, comme sur un animal non empoisonné placé dans les mêmes conditions.

Il y a donc lieu de penser à une action sur la contractilité de la fibre cardiaque elle même, d'autant plus que dans de nombreuses expériences (exp. XX, XVII, XXXIV, etc.) il a été impossible, aussitôt après la mort, d'obtenir la plus faible contraction possible du cœur, même avec les courants faradiques les plus énergiques. Une seule fois (exp. XXI) on a pu faire contracter les oreillettes du cœur sur un chien qui venait d'être tué par une injection intra veineuse d'extrait, mais dans ce cas, comme dans tous les autres, les ventricules n'étaient pas excitables par un très fort courant. Il y a lieu sans doute de signaler l'affaiblissement de la circulation sanguine dans le cœur lui-même, et la diminution de la puissance contractile de cet organe qui en doit être la conséquence.

On peut également rattacher à l'action paralysante que le

thalictrum macrocarpum exerce sur la contractilité du cœur le ralentissement progressif de cet organe noté dans nos expériences sur les grenouilles (exp. VI, XII, XIII, XIX).

Cette action sur le cœur, est importante, si on tente au point de vue physiologique, ainsi que nous le ferons plus loin, un rapprochement entre le thalictrum macrocarpum et l'aconit.

Mais nous ne croyons pas pouvoir rechercher, dans les troubles de la contractilité cardiaque, l'explication d'un fait que nous avons relaté dans beaucoup de nos expériences, et qu'on observe très fréquemment, quelle que soit la cause qui détermine la mort : nous voulons parler de respirations survenues durant plusieurs secondes, et quelquefois pendant deux ou trois minutes après l'arrêt du cœur.

En résumé, les troubles que détermine l'extrait de thalictrum dans les fonctions de la circulation des mammifères tels que le chien, se traduisent d'abord par l'accélération des mouvements du cœur et la diminution considérable de la tension artérielle. Pendant ce temps, les battements du cœur perçus à travers la paroi thoracique paraissent énergiques, et cependant le pouls est imperceptible. Quelques minutes avant la mort les contractions cardiaques deviennent lentes, faibles, irrégulières et finissent par cesser. Ces derniers faits ainsi que l'inertie des fibres musculaires du cœur, lorsqu'on les faradise avec les plus forts courants immédiatement après la mort, autorisent à admettre une action paralysante de l'organe central de la circulation qui n'est certainement pas étrangère à la mort des animaux soumis à l'influence du thalictrum macrocarpum.

b. — *Action sur la calorification.* — L'intoxication produite chez les animaux par l'extrait de thalictrum macrocarpum apporte de grands changements dans leur température. On a constaté une diminution thermique graduelle dans la plupart des cas, soit que l'agent toxique ait été injecté par la méthode hypodermique, soit qu'il ait été injecté dans les veines ou dans l'estomac.

Ainsi dans l'expérience XX, un chien du poids de onze kilogrammes, a été tué en trois heures de temps, après l'injection hypodermique de 5 grammes d'extrait, et sa température est descendue au bout d'une heure environ de 37°5 à 34°5.

L'expérience XXV sur un chien du poids de quinze kilogrammes, tué dans l'espace de quatre heures par une injection hypodermique de trois grammes d'extrait, enregistre encore un abaissement de température. La température initiale était de 38°7° au bout d'une demi-heure l'animal n'avait plus que 38, 6°, et trois heures et demie après le commencement de l'expérience sa température égalait 36°.

Par une injection intra-veineuse de deux grammes d'extrait, dans l'expérience XXXI, on a donné en quarante-huit minutes la mort à un chien pesant seize kilogrammes. L'animal avait 38°7 avant l'injection, au bout de 28 minutes sa température était de 38°, et après quarante-cinq minutes, elle s'était abaissée à 37°

L'expérience XXVII a pour objet un chien qui a supporté sans en mourir une injection intra stomacale de vingt grammes d'extrait de thalictrum. Ce chien pesait onze kilogrammes. Au commencement de l'expérience sa température était de 39°5. Au bout d'une heure elle n'était plus que de 38°2.

Un chien (exp. XXIII), qui reçoit en injection hypodermique trois grammes d'extrait de thalictrum, présente aussi un abaissement graduel de la température. Cet animal au début de l'expérience avait 38°4, trente minutes après on note encore 38°4. Après deux heures et demie d'empoisonnement, sa température est de 38° ; après quatre heures, elle est de 36°. Une demi-heure plus tard on trouve 35°4. Enfin vingt minutes avant la mort séparée par six heures du moment de l'injection, la température rectale n'est plus que de 33°.

Voici encore une expérience dans laquelle on a relevé trois fois avec soin la température centrale d'un chien intoxiqué par une injection hypodermique d'extrait.

Expérience XXXIII. — Chien griffon, du poids de 11 kilogrammes. Température centrale 38° 7.

2 h. 45 m. Injection dans la veine saphène de deux grammes d'extrait de thalictrum macrocarpum.

2 h. 50 m. L'animal devenu très triste expulse des matières fécales dures. Il a une tendance au sommeil. Il se balance sur ses quatre pattes et contracte ses flancs. Quand il essaye de marcher il titube. Efforts de vomissement.

2 h. 52 m. Température rectale 38° 2. Il émet d'abondantes urines.

2 h. 58 m. L'animal se couche, les battements du cœur sont précipités et très faibles.

3 h. 10 m. Nouvelle expulsion de matières fécales, toujours dures, l'animal paraît moins abattu.

3 h. 12 m. Il essaye de se relever mais il tombe après avoir fait quelques pas en chancelant.

3 h. 20 m. Il rend encore des excréments solides tout en restant couché. Température 37°.

3 h. 25 m. Il essaye de se relever sans succès, ses forces diminuent sensiblement.

3 h. 30 m. Nouvelle émission d'urine. Température rectale 36° 8.

3 h. 35 m. L'animal reste toujours couché et ne bouge plus, on le croit mort car on ne sent plus les battements de son cœur à travers le thorax.

4 h. On incise le peau sur le sternum pour ouvrir le thorax et essayer de voir l'état de l'organe central de circulation. Sous l'influence de la douleur probablement le chien donne encore signe de vie, et fait deux mouvements respiratoires, puis tout est fini. L'animal est bien mort.

Le cœur mis à découvert est distendu en diastole.

On voit bien par cette expérience que la température a diminué progressivement.

L'expérience XVII, p. 109, relate un abaissement plus brusque et plus accentué de la température. En effet, le lapin qui en était le sujet avait au début 40°2, il est mort dan l'espace de dix minutes et sa température prise immédiatement après la mort était de 36°5.

On sait que les lapins sont des animaux très impressionnables et que leur température peut varier beaucoup même sous l'influence de causes très légères. Aussi nous ne dirons pas que les rongeurs éprouvent des effets hypothermiques plus considérables que les carnivores sous l'influence du thalictrum macrocarpum, car ce lapin est le seul sur lequel nous ayons fait cette recherche, et il n'est pas possible de tirer une conclusion définitive d'une seule expérience.

Quelle est la raison de pareils effets sur la calorification ? Il faut la chercher dans l'affaiblissement progressif de la circulation, affaiblissement démontré par l'abaissement de la pression intra-artérielle et l'extrême faiblesse du pouls. Le cœur paraît battre assez vigoureusement et ses battements, comme nous l'avons vu, sont accélérés, mais il se contracte sans beaucoup de résultat. On voit du reste, comme il est constaté dans plusieurs expériences (exp. XXIII, XXVII, etc.) que les muqueuses, notamment les muqueuses labiale et buccale sont pâles sans être exsangues, non violacées mais très décolorées.

L'abaissement de la température peut s'expliquer encore par l'épuisement du système nerveux central qui détermine, comme nous l'avons relaté, la perte des mouvements volontaires, l'état d'engourdissement paralytique signalé dans toutes nos expériences, partant l'arrêt des combustions musculaires; car, ainsi que le démontre l'expérience XXIX, le sang est plus riche en oxygène chez l'animal empoisonné par notre substance que chez l'animal à l'état normal.

g. — *Action sur les muscles*. Les expériences II, X, VIII, pratiquées sur des grenouilles, établissent qu'il y a eu diminution de la contractilité musculaire. Rappelons que nous ne confondons pas l'effet physiologique produit sur les muscles par l'extrait de thalictrum, avec l'action locale qui a été étudiée dans les expériences II et X, et plus spécialement à l'aide du myographe dans les expériences III, p. 91 et IV, p. 92.

L'expérience II mentionne, quelques instants avant la mort, une diminution de l'excitabilité musculaire dans la cuisse gauche, chez une grenouille empoisonnée avec deux centigrammes d'extrait de thalictrum, introduit par injection hypodermique à la cuisse droite.

Dans l'expérience X, cette même diminution a été notée au bout de trois heures environ sur le membre inférieur droit d'une autre grenouille, tuée dans l'espace de quatre heures, par injection d'un centigramme d'extrait sous la peau de la jambe gauche.

Une grenouille verte est morte trente minutes après l'injection de deux milligrammes de thalictrine (exp. VIII, p. 105). Quinze minutes après le commencement de l'expérience on avait déjà noté que la contractilité musculaire était affaiblie.

Dans ces diverses expériences l'examen de l'excitabilité musculaire a été fait avec une forte pince de Pulvermacher.

Le courant fourni par un élément de la pile de Grenet a

été employé dans la recherche de l'état de l'irritabilité musculaire sur la grenouille de l'expérience XXIX. On a dans ce cas, lié une artère fémorale d'un côté puis injecté dans un membre antérieur une dose toxique d'extrait de thalictrum, Lorsque l'animal a été en complète résolution paralytique, on a pu s'assurer que la contractilité musculaire était restée normale dans le membre dont l'artère était liée, et dont la circulation interrompue n'avait point permis l'apport du poison dans les muscles. Dans le membre inférieur qui avait été irrigué par le poison l'irritabilité musculaire était moins considérable.

La contractilité musculaire est influencée, mais d'une manière peu marquée, chez les chiens empoisonnés par le thalictrum macrocarpum. Quelquefois, comme dans les expériences XX, XXII, XXIII, on n'a rien noté d'anormal d côté des muscles excités immédiatement après la mort.

L'expérience suivante est un exemple de la diminution assez peu marquée d'ailleurs de la contractilité musculaire.

Expérience XXXIV. — Chien vigoureux mâtiné, du poids de 7 kilogr. 700.

3 h. 8 m. On injecte dans une veine saphène un gramme et demi d'extrait de thalictrum macrocarpum.

3 h. 10 m. L'animal à peine detaché a des efforts de défécation ; il chancelle quelques instants, puis s'affaisse en poussant des cris de douleur.

3 h. 12 m. Il a la patte droite contracturée et bientôt la contracture devient générale, elle cesse assez vite.

3 h. 15 m. L'animal s'affaiblit rapidement et l'affaiblissement est surtout marqué dans les membres postérieurs.

3 h. 22 m. Les pulsations cardiaques deviennent extrêmement rapides, désordonnées, l'animal meurt presque tout d'un coup après avoir eu une convulsion suprême. Quelques mouvements respiratoires ont été perçus après que le cœur a eu cessé de battre.

3 h. 24 m. Le nerf sciatique mis à découvert est excité avec l'appareil de Siemens et Halske, et l'on peut constater la persistance de l'excita-

bilité nerveuse motrice. Les muscles ne sont pas excitables au minimum d'intensité du courant de l'appareil (50 centimètres d'écartement).

3 h. 26 m. Le nerf sciatique est sectionné. Le bout central électrisé ne donne aucune espèce d'effet même à 0 centimètre d'écartement, maximum d'intensité de l'appareil. A 15 centimètres le bout périphérique donne des mouvements dans la patte correspondante et les muscles ne se contractent pas par l'action de ce courant.

3 h. 32 m. A 35 centimètres le nerf sciatique est encore excitable, il l'est aussi à 36 et à 37 centimètres; à 38 il ne l'est plus. — Les muscles ne donnent rien ni à 20 ni à 13 centimètres, à 11 on voit une légère contraction.

3 h. 40 m. A 14 centimètres d'écartement l'excitabilité musculaire est nulle à 10,5, elle existe mais très-faible à 11 il n'y a rien.

3 h. 45 m. Le cœur de l'animal est mis à nu, l'excitation électrique de cet organe ne produit aucune contraction à aucune degré de l'appareil. — Les poumons n'ont présenté rien d'anormal.

On voit que deux minutes après la mort les muscles ne sont pas excitables au minimum d'intensité du courant de l'appareil à chariot. Deux minutes plus tard les muscles ne se contractent plus à 15 centimètres d'écartement. Un quart d'heure environ après la mort, les muscles étaient inexcitables à 11 degrés d'écartement.

Dans la même expérience, le cœur de l'animal mis à nu aussitôt après la mort n'a pu être excité à aucun degré de l'appareil à chariot. Il en a été de même dans beaucoup d'autres expériences où le cœur a été examiné immédiatement après la mort. Si on voulait rapprocher le muscle cœur des muscles de la vie de relation, on pourrait mentionner encore que, dans l'expérience XXI, on a vu les oreillettes se contracter encore sous l'influence d'un fort courant électrique, trois minutes après la mort alors que les ventricules restaient parfaitement inertes sous l'action du même courant.

En résumé, il est acquis que, indépendamment de son

action locale, l'extrait de thalictrum en vertu de son action physiologique diminue la contractilité musculaire chez les batraciens comme chez les mammifères.

Il est bien entendu que cette action sur la contractilité musculaire n'est pas la caractéristique de l'effet du thalictrum macrocarpum, puisque, longtemps avant que la contractilité ne soit diminuée d'une manière sensible, on a observé la résolution plus ou moins complète de l'animal.

h. *Actions sur les sécrétions.* — L'action de l'extrait des racines du thalictrum macrocarpum n'a eu qu'un faible retentissement sur la plupart des organes sécrétants. Ainsi nous n'avons jamais manifestement observé une augmentation de la sécrétion de la salive, des larmes, etc.

On a vu dans toutes les expériences où la diarrhée a été notée, que la sécrétion intestinale est fortement augmentée.

Dans les expériences XVI, XVII, XXI, XXVIII, XXXIII, il n'y a eu que de la défécation. Mais dans les expériences XV, XXVII, etc., on a observé de la diarrhée, et dans l'expérience XXVII, l'extrait de thalictrum, introduit dans l'estomac au moyen de la sonde œsophagienne, a déterminé un flux diarrhéique très-abondant après une heure environ. Rappelons encore que, dans l'expérience XX, un chien du poids de dix kilogrammes, qui avait reçu une injection hypodermique de cinq grammes d'extrait, a expulsé au bout de deux heures des matières fécales dures, mais baignées par du liquide intestinal teinté de sang.

La sécrétion urinaire est celle qui paraît la plus influencée, après la sécrétion intestinale. En effet, dans beaucoup de nos expériences (exp. VII, XXI, XXVI, XXVI) on a relaté de la miction. C'est surtout quand l'extrait de thalictrum a été introduit par la voie stomacale comme dans l'expérience XXVII et dans celle qui est rapportée ci-dessous que les reins ont sécrété de l'urine en assez notable quantité.

Expérience XXXV. — Chien griffon, du poids de 7 kilogrammes. Température rectale 38° 2. 120 pulsations par minute, comptées sur l'artère fémorale, 20 respirations par minute.

10 h. Ce chien reçoit en injection intra stomacale au moyen de la sonde œsophagienne 7 grammes d'extrait aqueux, dissous dans 100 grammes d'eau.

10 h. 30 m. L'animal devenu triste et un peu abattu; son pouls est monté à 176 pulsations par minute; les mouvements respiratoires sont au nombre de 24; la température n'a pas varié.

10 h. 35 m. L'animal urine abondamment. Il gémit et la contraction de ses flances avec ondulations des parois musculaires indiquent de violentes coliques.

10 h. 50 m. Il rend des selles demi diarrhéiques, et des urines abondantes; la température est la même qu'au début de l'observation.

11 h. L'animal urine de nouveau très abondamment ou recueille les urines, on cherche sans succès à y déceler la thalictrine et la macrocarpine au moyen des réactifs appropriés.

2 h. Le chien ne parait pas éprouver d'autres phénomènes.

4 h. Il est tout à fait remis.

Le lendemain et jours suivants il n'a pas paru incommodé d'aucune manière.

Cette expérience révèle encore une fois la faible action toxique de l'extrait de thalictrum macrocarpum introduit dans l'économie par la voie stomacale. Elle est aussi intéressante, au point de vue de la recherche, dans la sécrétion des reins, des deux principes cristallisables de notre thalictrum pyrénéen. On voit que dans ce cas, comme dans d'autres que nous n'avons pas rapportés, la thalictrine n'a pu être décelée dans les urines par les réactifs des alcaloïdes, et qu'il a été également impossible d'y retrouver la macrocarpine au moyen de la réaction de Klunge.

On peut se demander si les émissions d'urine, mentionnées dans nos expériences, sont le fait d'une excitation nerveuse centrale provoquant les contractions de la vessie plus ou moins remplie de liquide, ou s'il y a eu réellement exagération à la fonction rénale. Il est difficile de répondre à cette question d'une façon précise. Toutefois l'expérience XXV, faite sur un chien, indique qu'il y a probablement augmentation de la quantité d'urine, puisque celle-ci s'écoule chez l'animal d'une façon continue. Cependant il convient de faire une restriction, car il se pourrait que cet écoulement d'urine fût occasionné par le relâchement du sphincter vésical, d'autant plus qu'on a constaté sur ce chien, dans la même expérience, le relâchement du sphincter anal.

Les expériences XV, XXV, etc., mentionnent que chez des chiens, les selles diarrhéiques survenues sous l'influence du thalictrum macrocarpum, étaient fortement colorées en jaune verdâtre par de la bile.

On a vu encore dans l'expérience XXIII, ainsi que dans l'expérience XXV, des vomissements bilieux provoqués chez des chiens par notre agent toxique. Mais on sait d'une manière générale que les efforts de vomissement entraînent ordinairement le rejet de la bile par l'estomac en même temps que celui des aliments. Par conséquent ces derniers cas n'autorisent pas à conclure d'une manière absolue en faveur d'une hypersécrétion de la bile résultant d'une action particulière du thalictrum macrocarpum sur le foie.

Le temps nous a manqué pour instituer des expériences spéciales sur des chiens auxquels on aurait introduit des canules dans les conduits salivaires, le canal cholédoque, le conduit de Wirsung et dans les uretères pour observer directement l'écoulement de la salive, de la bile, du suc pancréatique et de l'urine pendant l'empoisonnement déterminé par l'extrait de thalictrum.

C. — *Résumé de l'action physiologique.*

Essayons maintenant de résumer les faits principaux exposés dans notre étude sur les effets physiologiques du thalictrum macrocarpum (1).

Chez les batraciens tels que la grenouille l'extrait aqueux de cette plante, inséré sous la peau à la dose de deux ou trois centigrammes, détermine la mort dans l'espace de trois ou quatre heures. Les sels de thalictrine sont mortels pour le même animal à la dose de deux à cinq milligrammes au bout de vingt à quarante minutes environ.

Chez les mammifères comme le chien, il faut injecter sous la peau une dose de trois à quatre grammes d'extrait afin d'amener la mort dans un intervalle qui varie entre trois et six heures. A la dose d'un à deux grammes en injection intra-veineuse, l'extrait aqueux de thalictrum peut être mortel dans l'espace de cinq à quinze minutes environ. Si la subtance toxique est portée dans l'estomac, son action est dans ce cas incomparablement moins énergique que dans les cas précédents. C'est ainsi qu'une dose de vingt grammes d'extrait, introduite dans l'économie par la voie stomacale, ne détermine que des efforts de vomissement et de la diarrhée, sans amener la mort.

Si on analyse cette action toxique, on voit que l'affaiblis-

(1) Voir, note de MM. Bochefontaine et Doassans *sur l'action du Thalictrum macrocarpum*. Comptes-rendus de l'académie des sciences tome XC, p. 1432.

sement et la résolution paralytique sont les symptômes prédominants de l'intoxication au moyen du thalictrum macrocarpum. De pareils phénomènes ne sont pas le résultat de la diminution et de la faiblesse des contractions cardiaques, on ne peut non plus les attribuer à une action sur l'appareil musculaire, ni à la perte de l'excito-motricité. Nous avons vu en effet, que l'excito-motricité restait intacte chez des grenouilles plongées déjà dans un collapsus profond. Il n'y a donc qu'une action sur les centres nerveux qui puisse expliquer ces phénomènes d'engourdissement paralytique.

L'affaiblissement graduel accompagné d'une diminution très remarquable de la motilité spontanée démontre que les fonctions de l'encéphale sont atteintes par notre agent toxique. La diminution si considérable de la sensibilité réflexe fait voir que les fonctions de la moelle le sont aussi. En ce qui concerne plus particulièrement le bulbe, nous avons vu qu'il était pareillement influencé, comme le prouvent les vomissements observés en même temps que les troubles des fonctions respiratoires et circulatoires.

Quant au système nerveux ganglionnaire nous l'avons trouvé respecté. La dilatation de la pupille peut s'expliquer par l'action paralysante, qu'exerce l'extrait de thalictrum sur le rameau de l'oculo-moteur qui innerve le sphincter irien, ou les noyaux de substance grise qui mettent ce rameau en activité. On a noté enfin l'intégrité relative des organes des sens.

En définitive, nous avons été amené à conclure que la mort déterminée par le thalictrum macrocarpum est la conséquence des troubles du système nerveux central. Ces troubles paraissent relativement peu accusés du côté de l'encéphale, mais ils exercent sur la moelle et le bulbe une action dépressive considérable, et la mort a lieu quand cet affaiblissement devient incompatible avec l'existence.

Du côté de l'appareil digestif, nous avons signalé des vomissements répétés, de la défécation simple ou des diarrhées abondantes plus ou moins bilieuses. On a relevé encore le relâchement du sphincter anal par suite d'une action paralysante des origines centrales de ce muscle.

Sous l'influence du thalictrum macrocarpum, la respiration s'accélère d'une façon remarquable, devient de plus en plus ample et reste d'ailleurs régulière. C'est seulement quelque temp avant la mort que les mouvements respiratoires sont ralentis, irréguliers et pénibles. Remarquons qu'ils persistent quelquefois une minute ou deux après l'arrêt du cœur.

Dans l'empoisonnement produit par l'extrait de thalictrum, le sang des grenouilles a été trouvé normal à l'examen spectrocospique. Le sang des vertébrés supérieurs comme le chien, étudié avec l'appareil de M. Schützenberger, s'est montré plus riche en oxygène pendant l'intoxication qu'à l'état physiologique. Ce fait s'explique, par la diminution des combustions musculaires lié à l'état d'engourdissement paralytique provoqué par la substance toxique.

Les troubles qu'amène l'extrait de thalictrum dans les fonctions de la circulation des mammifères tels que le chien, se traduisent d'abord par une accélération extrême des mouvements du cœur et une diminution considérable de la tension artérielle. L'organe central de la circulation se ralentit et devient irrégulier quelques minutes seulement avant la mort, puis finit par s'arrêter en diastole. Aussitôt après la mort, les courants faradiques les plus intenses sont impuissants à provoquer la moindre contraction cardiaque. Ce fait, ainsi que l'impossibilité où l'on se trouve à un moment donné de percevoir pendant la vie les pulsations artérielles malgré les battements énergiques du cœur sur la paroi précordiale, prouve que le thalictrum macrocarpum exerce sur la contractilité cardiaque une action paralysante, dont on doit tenir compte parmi les causes qui amènent la mort chez les animaux soumis à l'influence de notre agent toxique.

L'abaissement progressif de la température dû à l'extrait de thalictrum, suit une marche parallèle à l'affaiblissement graduel des centres nerveux et peut s'expliquer par l'épuisement de ces centres, en même temps que par le peu d'énergie de la circulation sanguine.

Du côté de l'appareil musculaire, on a pu constater une légère diminution de l'excitabilité des muscles.

Enfin, l'action du thalictrum macrocarpum sur les sécrétions n'a pas été très manifeste. La glande lacrymale, les glandes salivaires, n'ont pas été influencées. L'action sur la fonction rénale n'est pas très démontrée; seul le foie, à cause des vomissements bilieux et des diarrhées bilieuses plusieurs fois observés, paraît devoir éprouver les effets de notre agent toxique.

D. — *Analogies avec l'aconitine.*

Les troubles physiologiques multiples, que détermine dans l'économie le thalictrum macrocarpum, permettent de le rapprocher d'un autre agent toxique fourni comme lui par la famille des Renonculacées, nous voulons parler de l'aconit.

Déjà plusieurs fois, dans le courant de cette étude nous avons eu l'occasion de signaler certains phénomènes rappelant le mode d'action de l'aconitine.

Le résumé précédent des effets physiologiques du thalictrum macrocarpum facilite déjà la recherche des analogies qui peuvent exister entre l'action de cette plante et celle de l'aconit napel. Mais, pour établir d'une façon plus méthodique l'analogie qui existe entre les phénomènes physiologiques de ces deux renonculacées, il importe d'avoir également sous les yeux le tableau des troubles que détermine l'aconitine sur l'organisme. C'est dans les leçons de M. le professeur Vulpian que nous allons relever à peu près textuellement les principaux phénomènes de l'aconitisation (1).

L'aconitine est un poison d'une énergie excessive. Introduite sous la peau des grenouilles, elle produit des effets très-manifestes à la dose de 1|500e de milligramme, et elle tue ces batraciens à la dose de 1/200e de milligramme.

Elle exerce aussi une action toxique d'une puissance extrême sur les mammifères. Un milligramme seulement tue un chien de forte taille !

L'action de l'aconitine sur les centres nerveux est tout à fait prédominante chez les grenouilles ; Elle a lieu, chez ces animaux, avant que le fonctionnement du cœur soit modifié d'une façon notable. On voit d'abord se manifester une agitation considérable, puis un affaiblissement progressif qui va jusqu'à l'abolition de toute motilité volontaire ou réflexe.

La sensibilité semble diminuer chez les grenouilles aconitisées en même temps que la motilité spontanée et réflexe. L'affaiblissement de la sensibilité chez les grenouilles aconitisées dépend en effet, bien certainement, d'un engourdissement des aptitudes des centres cérébro-spinaux. Cet affaiblissement s'explique d'une façon suffisante par l'hypothèse d'une action du poison en question sur l'encéphale et la

(1) Vulpian, loc. cit. p. 388 et suiv.

moelle épinière, et cette hypothèse devient plus satisfaisante encore lorsqu'on reconnaît que c'est par une supposition du même genre qu'on est forcé d'expliquer la diminution progressive de l'énergie de la motilité.

On voit, dans un grand nombre de cas, se produire dans les divers muscles des grenouilles empoisonnées par l'aconitine des soubresauts partiels, des frémissements, des sortes de palpitations; ces phénomènes sont dus à l'influence de ce poison sur les extrémités périphériques des nerfs moteurs.

Chez les grenouilles aconitisées, les fonctions des centres nerveux sont atteintes avant que les mouvements du cœur aient été troublés notamment. La mort est produite par les altérations fonctionnelles des centres nerveux, aussi ne peut-on pas dire, en se fondant sur les expériences faites sur ces animaux, que l'aconitine est un poison du cœur.

On observe chez les mammifères comme chez les grenouilles un affaiblissement progressif de la motilité, mais l'aconitine n'atteint et ne diminue la sensibilité que lorsque la motilité est déjà considérablemeent affaiblie.

Chez le chien, la mort arrive d'ordinaire avant la période de paralysie véritable des mouvements volontaires. L'agitation extrême, les angoisses douloureuses, les troubles intenses de la respiration, ne sauraient non plus laisser de doutes sur l'action de l'aconitine sur les centres nerveux.

Quand les phénomènes d'intoxication sont bien manifestes, on observe la dilatation de la pupille, sans doute par mécanisme réflexe, l'aconitine irritant différents viscères le canal digestif entre autres.

Mais la cause déterminante de la mort, paraît être dans la plupart des cas l'arrêt des mouvements du cœur. L'aconitine exerce sur le cœur des mammifères une action des plus énergiques. Les mouvements de cet organe deviennent d'abord plus violents à la palpation, puis s'affaiblissent ensuite progressivement et dans une dernière et courte période terminée par la mort, nous avons senti de violentes palpitations avec des irrégularités considérables du muscle cardiaque.

Cette substance agit notablement sur la pression générale du sang dans les artères. Lorsque l'injection d'aconitine a été faite sous la peau, il y a eu d'une façon constante sous l'influence de cette substance, un abaissement progressif de la pression intra-carotidienne. Quand l'injection a été faite dans une des veines, on a observé, mais non constamment, une élévation de cette même pression.

L'aconitine trouble aussi profondément le fonctionnement respiratoire chez les mammifères. On ne saurait se refuser à admettre qu'elle exerce une certaine influence sur les muscles de la vie animale. L'aconitine produit encore l'abaissement de la température chez les animaux soumis à son action. Les vomissements et la diarrhée produits par cette subtance ont pour cause, d'une part, l'irritation des membranes muqueuses stomacale et intestinale, irritation qui est sans doute déterminée par l'élimination de l'aconitine par ces membranes, d'autre part peut-être l'excitation spéciale que cette substance toxique fait naître dans les centres nerveux.

L'aconitine peut activer la sécrétion des diverses glandes salivaires ainsi que celle du foie, peut-être même celle des glandes lacrymales, mais elle n'a pas d'influence reconnaissable sur la sécrétion du fluide pancréatique et de l'urine.

Le principe actif de l'aconit napel pourrait donc être considéré d'après ce que nous venons de dire comme un poison cardiaque pour les mammifères. Il semble cependant qu'on ne puisse pas faire autrement que de donner à cette substance toxique une place à part, non seulement à cause de son mode d'action sur les batraciens, mais encore à cause des troubles considérables de l'innervation centrale, qui, chez les mammifères eux-mêmes, précèdent les grandes perturbations des mouvements cardiaques.

Si nous essayons maintenant un rapprochement entre la thalictrine et l'aconitine, nous constatons que la première est douée d'un pouvoir toxique beaucoup moins considérable que celui de la seconde, puisqu'il faut injecter au moins deux milligrammes de thalictrine pour faire périr une grenouille, tandis qu'il suffit de 1[200e de milligramme d'aconitine pour tuer un animal de la même espèce.

Il est très remarquable de voir ces deux agents toxiques déterminer des phénomènes identiques chez les grenouilles. Le fait prédominant, avec la thalictrine comme avec l'aconitine, est une action sur les centres nerveux, action qui se manifeste par un affaiblissement progressif allant jusqu'à l'abolition de toute motilité volontaire ou réflexe. On constate encore dans les deux cas une diminution de la sensibilité, ainsi que de l'excito-motricité. Seulement, avec la thalictrine, on n'observe pas, comme pour l'aconitine, dans les divers muscles des grenouilles empoisonnées, les soubresauts partiels, les frémissements, les sortes de palpitations dues à l'influence de l'aconitine sur les extrémités périphériques des nerfs moteurs.

Chez les grenouilles aconitisées, comme chez les grenouilles qui ont reçu de la thalictrine, les fonctions des centres nerveux sont atteintes avant que les mouvements du du cœur ne soient notablement troublés. La mort dans les deux cas est produite par les altérations fonctionnelles des centres nerveux.

Quand on compare l'action des deux agents toxiques chez les animaux supérieurs comme chez le chien, on s'aperçoit que le fait prédominant de l'empoisonnement par le thalictrum macrocarpum est encore, comme chez les grenouilles, une action sur le système nerveux central, et que les effets sur le muscle cardiaque, bien que très manifestes, viennent au second plan.

Il n'en est pas ainsi pour l'aconitine. Cet agent éminemment toxique provoque bien encore, chez le chien comme chez la grenouille, un affaiblissement progressif de la motilité, mais l'aconitine n'atteint et ne diminue la sensibilité que lorsque la motilité est déjà considérablement affaiblie. Les chiens meurent d'ordinaire avant la période de paralysie véritable.

L'extrait de thalictrum amène, au contraire la mort après de longues heures d'engourdissement paralytique lorsque la sensibilité est depuis longtemps déjà plus remarquablement amoindrie que la motilité.

Avec l'aconit, comme avec le thalictrum macrocarpum, c'est lorsque les effets de l'intoxication sont bien manifestes que l'on observe la dilatation de la pupille. On peut dans le premier cas expliquer la mydriase pupillaire par un mécanisme réflexe, l'aconitine irritant différents viscères, le canal digestif entre autres. Mais dans le second cas il est probable, d'après nos expériences, que le phénomène de la dilatation pupillaire est dû à une action paralysante exercée sur le rameau de l'oculo-moteur qui innerve le sphincter irien, ou sur les centres nerveux qui mettent ce rameau en activité.

Si l'action produite sur le système nerveux par l'aconitine n'est pas aussi intense chez les chiens que chez les grenouilles, les effets cardiaques sont beaucoup plus violents sur les premiers que sur les dernières, au point qu'on est porté à faire de l'aconit un poison du cœur pour les mammifères supérieurs. Nous avons vu qu'il n'en est pas de même avec le thalictrum macrocarpum, et malgré l'action manifeste qu'il détermine, lui aussi, sur l'organe de la circulation il serait difficile de le ranger parmi les poisons agissant principalement sur la fibre cardiaque.

En examinant les autres phénomènes déterminés par l'extrait de thalictrum et par l'aconitine on remarque que ces deux agents produisent des vomissements et de la diarrhée. Mais l'aconit provoque ces deux symptômes d'une manière plus marquée que le thalictrum. L'un et l'autre ont une certaine action sur les muscles de la vie animale; l'un et l'autre abaissent progressivement la température; l'un et l'autre enfin n'ont pas une très grande influence sur les sécrétions, celle de la bile exceptée.

En résumé la thalictrine diffère surtout de l'aconitine en ce sens que les phénomènes de paralysie du système nerveux central qu'elle détermine, sont plus accusés chez les animaux supérieurs que ceux qui sont dus à l'aconitine, tandis que les vomissements, la diarrhée, les troubles cardiaques et respiratoires sont plus marqués avec l'aconitine qu'avec l'extrait de thalictrum.

La prédominance des phénomènes cérébro-spinaux dans l'intoxication de la thalictrine semble indiquer que cette substance pourrait remplacer avantageusement l'aconitine, comme agent véritablement anti-algésique dans le traitement de certaines maladies telles que céphalalgies rebelles, tic douloureux de la face, névralgies diverses, douleurs d'origine myélitique, etc.

Il est bien entendu que nous ne conseillerons pas d'employer la thalictrine de préférence à l'aconitine pour une foule de maladies dans lesquelles on a attribué au principe actif de l'aconit une influence thérapeutique problématique. On croit très-peu, en effet, aujourd'hui, à l'action thérapeutique des préparations d'aconitine dans les cas de syphilis, de cancer, d'amaurose; on croit à peine davantage à leur efficacité dans le traitement des rhumatismes, de la goutte, de l'érysipèle, des fièvres éruptives, de la grippe, etc.

Il est donc permis de penser, qu'il y aurait intérêt à substituer la thalictrine à l'aconitine, dans la plupart des cas où cette dernière a pu être utilisée comme médicament susceptible d'influencer différentes parties du système nerveux, surtout si l'on réfléchit aux dangers qui peuvent résulter de l'emploi d'un agent d'une toxicité vraiment effrayante comme celle de l'aconitine, capable de produire la mort chez l'homme à la dose d'un milligramme. Nous savons que la thalictrine au contraire, n'est toxique qu'à des doses beaucoup plus élevées, puisqu'il faut deux milligrammes d'un sel de cet alcaloïde pour tuer une grenouille; partant cette substance est plus facile à manier que l'aconitine, et pour cette raison seule, on comprend qu'elle présenterait des avantages réels si on venait à l'importer dans la thérapeutique.

Quant à la place que doit occuper la thalictrine dans la classification des poisons, il est naturel d'après les faits que nous venons d'exposer de la rapprocher de l'aconitine. Or, nous avons déjà vu que l'aconitine pourrait être considérée, jusqu'à un certain point comme un poison cardiaque pour les mammifères, mais il a semblé à M. le professeur Vulpian « qu'on ne pouvait pas faire autrement que de donner à cette substance toxique un place à part, non seulement à cause de son mode d'action sur les batraciens, mais encore à cause des troubles considérables de l'innervation centrale qui, chez les mammifères eux-mêmes, précèdent les grandes perturbations des mouvements cardiaques. (1) » La thalictrine manifestant principalement son action sur les centres nerveux, aussi bien chez les batraciens que chez les mammifères, devrait rentrer dans le groupe des anesthésiques si les autres phénomènes qu'elle détermine ne la plaçaient à côté du principe actif de l'aconit.

C'est ainsi que dans la classification des substances toxiques, la thalictrine pourrait, servir de transition entre l'aconitine et les agents anesthésiques.

Il ne serait pas difficile en effet de démontrer l'existence d'une certaine analogie entre l'action du chloral et de la morphine, et celle du thalictrum macrocarpum. Rappelons seulement que chez le chien de l'expérience XXIII, le courant maximum de l'appareil à chariot, porté sur le bout central du nerf sciatique sectionné à la cuisse, n'a pas d'abord déterminé le moindre cri tandis que, quelques secondes plus tard, un courant d'une intensité extrêmement faible relativement produisait les plus vives manifestations de douleur. C'est là un fait pareil à celui qui a été signalé, comme on le sait, par M. Oré, professeur à l'école de Bordeaux, dans

(1) Vulpian, loc. cit. p. 438.

son étude sur le chloral, et qui peut être également observé avec différents anesthésiques.

Nous n'avons pas fait de recherches expérimentales dans le but de trouver des substances antagonistes de la thalictrine, ni essayé la valeur de la respiration artificielle pour rappeler à la vie les animaux intoxiqués par l'extrait de thalictrum.

Il est presque inutile d'ajouter, après ce que nous savons de l'épuisement du système nerveux central par l'influence de notre agent toxique, que toutes les substances stimulantes des centres cérébro-spinaux seront probablement d'un certain secours dans l'empoisonnement du thalictrum macrocarpum.

§ 3. — Recherches physiologiques sur quelques autres thalictrum.

Nous dirons peu de choses de l'action physiologique des autres thalictrum.

Le jardin botanique et les serres du Muséum de Paris ne renferment aucune espèce du groupe auquel appartient le thalictrum macrocarpum; les Physocarpum sont également fort rares dans les autres jardins botaniques d'Europe, de sorte que le *Thalictrum flavum* L. et le *Thalictrum nigricans* D. C. sont les seules espèces qu'il nous ait été donné d'expérimenter.

Le rhizôme et les radicelles de ces thalictrum européens sembleraient ne renfermer d'après nos expériences que très peu de principe actif. Il est peut être vrai de dire que ces plantes cultivées au Muséum avaient perdu par la culture une partie de leurs propriétés, on sait en effet que l'aconit napel cultivé dans les jardins, jouit d'une toxicité très faible si on la compare à l'action énergique des aconits récoltés à l'état sauvage.

Quoi qu'il en soit, 30 grammes de racines de thalictrum flavum qui avaient été parfaitement desséchées à l'étuve à 45°, pulvérisées et macérées pendant 24 heures dans un litre d'eau, ont donné par évaporation à siccité, 3 grammes d'extractif; cet extrait redissous dans six grammes d'eau a pu être injecté à des grenouilles à la dose de cinquante centigrammes, sans produire aucun effet physiologique. En introduisant sous la peau, un gramme de cette substance, on a tué plusieurs de ces batraciens dans l'espace d'une journée.

On pourrait penser que la quantité d'eau nécessaire, comme véhicule, pour faire pénétrer sous le tégument cutané des grenouilles un pareil poids d'extrait de thalictrum flavum, suffit pour déterminer chez ces animaux des troubles assez considérables pour entraîner la mort? Pour vérifier cette hypothèse on a injecté 2 centimètres cubes d'eau sous la peau d'une grenouille et l'on a pu s'assurer facilement qu'une telle dose de liquide ne produit qu'une gêne des mouvements qui disparait au bout de quelques heures; après avoir constaté le même fait à plusieurs reprises, on a dû reconnaître que l'extrait de thalictrum flavum jouit réellement de certaines propriétés toxiques, moins accentuées il est vrai que celles de l'extrait des racines du thalictrum macrocarpum.

45 grammes de racines de thalictrum nigricans traités de la même manière par un litre d'eau, ont donné 2 grammes seulement d'extractif.

Cet extrait expérimenté sur des grenouilles, en injection hypodermique à la dose de 50 centigrammes, a déterminé chez ces animaux, au bout de douze heures, l'état de résolution musculaire et d'affaiblissement observé après une ou deux heures avec l'injection d'un ou deux centigrammes d'extrait de thalictrum macrocarpum. En dépassant la dose de 50 centigrammes, on a déterminé la mort de plusieurs grenouilles. Nous n'oserions toutefois avancer d'après ces expériences que le thalictrum nigricans, simple forme du thalictrum flavum, ait une action toxique plus marquée que ce dernier; surtout si nous rappelons ce point déjà mentionné dans une note de la partie chimique de ce travail, à savoir que l'extrait alcoolique du thalictrum nigricans, traité dans le but d'y retrouver le principe actif, ne s'est pas montré toxique en injection sous la peau des grenouilles.

Il n'est pas besoin de redire les analogies déjà signalées p. 77, entre le thalictrum macrocarpum et d'autres thalictrum; il est probable qu'on obtiendrait avec les espèces mentionnées, des effets physiologiques également considérables et intéressants; mais malheureusement il nous a été impossible de disposer de l'un ou l'autre de ces thalictrum voisins de l'espèce pyrénéenne objet de ce travail.

CONCLUSIONS

THALICTRUM MACROCARPUM Gren.

Fig. I – Plante en fleur (grandeur naturelle).
Fig. II – Plante en fruits (id.)
Fig. III – Fleur grossie.
Fig. IV – Fruit grossi.
Fig. V – Extrémité d'une souche ramifiée.

a. Bourgeon de la souche terminé par un pinceau de bractées.
b. Renflement terminal couronné de bractées qui entourent la tige florifère et le pétiole d'une feuille sectionnée.
c. Renflement ancien ne présentant plus que des vestiges de bractées.
d. Renflement montrant sur la coupe une moelle lacuneuse.

CONCLUSIONS

1° Le Thalictrum macrocarpum, renonculacée exclusivement pyrénéenne, est spécial à la région de la HauteVallée d'Ossau.

2° C'est à Gaston Sacaze que revient l'honneur de la découverte de cette plante.

3° Le thalictrum macrocarpum est une des espêces à grandes fleurs. Il tient le milieu entre les Physocarpum américains et les Physocarpum asiatiques.

4° Les fleurs du thalictrum macrocarpum sont disposées en inflorescence définie, paniculiforme, très appauvrie.

5° Un stigmate très long, des achaines volumineux à nervation sinueuse anastomosée et une souche déterminée, vivace, pourvue d'une racine pivotante très développée, caractérisent nettement cette espèce.

6° Les feuilles de notre thalictrum pyrénéen sont peu abondantes. A l'extrémité de chacune des divisions de la souche, à la base de la tige florifère, se développe habituellement une feuille unique, pétiolée, quatre à cinq fois trichotome.

7° La souche se compose d'une seule ou de plusieurs divisions terminées à leur partie supérieure par un renflement ubéreux en massue; elle se continue sans ligne de démarcat tion apparente avec la racine.

8°La souche et la racine colorées en jaune intérieurement, possédent une structure anatomique a peu près semblable, mais on arrive sans difficulté à trouver sur la racine les faisceaux primaires qui servent à différencier ces deux organes.

9° Sur une coupe transversale de la racine, on peut observer à l'examen microscopique, dans la partie libérienne des faisceaux le *parenchyme corné* qu'on retrouve principalement dans les *Clematis*.

10° Tous les éléments, aussi bien ceux qui entourent les vaisseaux que ceux de la moelle, sont remplis d'un principe jaune qui paraît moins abondant dans la partie libérienne, et principalement concentré dans la moelle. Les parois des vaisseaux sont colorés par la substance jaune et leur cavité parait vide.

11° Au moyen des dissolvants neutres, on arrive facilement à extraire des racines du thalictrum macrocarpum, le principe colorant signalé dans la conclusion précédente et que nous appelons *macrocarpine*. Ce corps cristallisable est constitué par de petits prismes fréquemment groupés et d'un jaune clair. Il est insoluble dans l'éther; son meilleur dissolvant est l'alcool amylique chaud. La macrocarpine n'a pas d'action sur la lumière polarisée. Elle renferme un pour cent d'eau de cristallisation. Chauffée à 85°, elle commence à changer de couleur, puis s'altère complètement entre 100 et 120°.

12° La macrocarpine est un corps parfaitement neutre que les acides minéraux précipitent de ses solutions. Les solutions de macrocarpine ne subissent aucun changement de coloration sous l'inflence de l'ammoniaque. La réaction de Klunge leur est commune avec les solutions de berbérine.

La macrocarpine chauffée avec une solution concentrée de baryte, n'éprouve pas d'altération appréciable.

13° La macrocarpine brûle sur la lame de platine sans laisser aucune espèce de trace, ni aucun résidu. Elle ne renferme ni chlore, ni azote. On peut d'une manière très approximative établir qu'elle est composée de 58,15 0/0 de carbone de 5,87 0/0 d'hydrogène et de 35,98 0/0 d'oxygène.

14° Les racines du thalictrum macrocarpum contiennent un autre principe, possédant les réactions des alcaloïdes, nous le désignons sous le nom de *thalictrine*.

15° La thalictrine se présente sous forme de petits cristaux incolores, aiguillés, groupés autour d'un centre commun. Ces cristaux sont insolubles dans l'eau à chaud comme à froid, solubles dans l'éther, l'alcool, le chloroforme.

16° Cet alcaloïde neutralise bien les acides; on a pu obtenir le chlorhydrate, l'azotate et le sulfate de thalictrine.

17° On peut isoler la thalictrine, en suivant la méthode générale usitée pour l'extraction des alcaloïdes. C'est l'emploi de l'acide tartrique qui nous a donné le meilleur résultat; la chaux nous a aussi réussi, mais nous avons échoué avec la magnésie.

18° Les parties aériennes du thalictrum macrocarpum, sont dépourvues de propriétés toxiques.

19° Il n'en est pas de même des parties souterraines qui fournissent un extrait doué de propriétés toxiques. Cet extrait doit ces propriétés à la thalictrine dont les composés sont également toxiques. L'extrait renferme encore des substances, telles que la macrocarpine, une résine indéterminée, du glucose, des sels minéraux qui sont sans action physiologique manifeste. (Voir tableau p. 76.)

20° L'extrait alcoolique est moins actif que l'extrait

aqueux. Ce dernier possède une action locale que n'ont pas la thalictrine et ses sels.

21° Les effets physiologiques proprement dits, déterminés par l'extrait de thalictrum, sont identiques à ceux que produisent la thalictrine et ses sels.

22° L'action locale propre à l'extrait n'existe plus quand il est suffisamment dilué dans l'eau.

23° Une dose de un, deux ou trois centigrammes d'extrait de thalictrum, insérée sous la peau des grenouilles, détermine la mort dans l'espace de trois ou quatre heures.

24° Les sels de thalictrine sont mortels pour ce même animal à la dose de deux à cinq milligrammes, au bout de vingt à quarante minutes environ.

25° Chez les mammifères, comme le chien, il faut injecter sous la peau une dose de trois ou quatre grammes d'extrait pour amener la mort dans un intervalle qui varie entre trois et six heures.

26° A la dose d'un à deux grammes en injection intraveineuse, l'extrait aqueux de thalictrum peut être mortel dans l'espace de cinq à quinze minutes.

27° Si l'extrait est porté dans l'estomac, son action est incomparablement moins énergique. Un chien peut ainsi supporter vingt grammes de cette substance toxique sans succomber.

28° L'affaiblissement et la résolution paralytiques sont les premiers symptômes de l'intoxication produite par le thalictrum macrocarpum ;

29° Ces phénomènes ne sont pas dus à la perte de l'excito-motricité nerveuse, car celle-ci est à peine atteinte chez les grenouilles et reste intacte chez les mammifères tels que le chien ;

30° Ils sont le résultat d'une action sur les centres nerveux encéphalo-médullaire, comme le prouve la diminution remarquable des mouvements volontaires où réflexes et de la sensibilité générale.

31° Le système nerveux ganglionnaire semble respecté par le thalictrum macrocarpum;

32° La dilatation de la pupille qui se produit sous l'influence de cet agent toxique, paraît devoir s'expliquer par une action sur l'oculo-moteur, ou sur les noyaux de substance grise qui le mettent en activité.

33° Du côté de l'appareil digestif on observe sous cette même influence des vomissements répétés, et la plupart du temps de la diarrhée plus ou moins bilieuse. On a noté encore le relâchement du sphincter anal.

34° L'extrait de thalictrum accélère les mouvements respiratoires qui deviennent plus amples en restant d'ailleurs réguliers. Quelques minutes avant la mort, la respiration se ralentit, devient irrégulière et pénible; elle persiste une, deux et même trois minutes après l'arrêt du cœur.

35° Le sang des grenouilles empoisonnées par l'extrait de thalictrum est normal à l'examen spectroscopique. Le sang des mammifères, étudié avec l'appareil de M. Schützenberger, est plus riche en oxygène pendant l'intoxication qu'à l'état physiologique. Ce fait trouve son explication dans les phénomènes paralytiques déterminés par notre agent toxique.

36° Les troubles qu'apporte l'extrait de thalictrum dans la circulation se traduisent d'abord par une accélération extrême des mouvements du cœur et une diminution considérable de la tension artérielle. Le cœur se ralentit et devient irrégulier quelques minutes avant la mort, puis finit par s'arrêter.

37° L'extrait de thalictrum exerce une action paralysante sur la contractilité des fibres musculaires du cœur ; il n'a qu'une faible influence, sur l'excitabilité des muscles de la vie animale.

38° Cet agent toxique détermine un abaissement progressif et considérable de la température ;

39° Il ne paraît pas avoir d'action sur les sécrétions salivaire, lacrymale, et urinaire, du moins chez le chien. Les vomissements bilieux et la diarrhée indiquent une action possible sur les sécrétions biliaire et gastro-intestinale.

40° Les effets physiologiques du thalictrum macrocarpum, sont analogues dans une certaine mesure avec ceux de l'aconit. La thalictrine diffère de l'aconitine en ce sens que les phénomènes de paralysie du système nerveux central qu'elle détermine, sont plus accusés chez les mammifères supérieurs que ceux qui sont dus à l'aconitine, tandis que chez ces animaux, les vomissements ainsi que les troubles cardiaques et respiratoires sont plus marqués avec l'aconitine qu'avec l'extrait de thalictrum.

41° La prédominance des phénomènes cérébro-spinaux, dans l'action de l'extrait de thalictrum, permet de classer cet agent parmi les substances paralysantes du système nerveux central, plutôt que dans les poisons du cœur.

42° Les effets physiologiques du thalictrum flavum et d'une de ses formes, le thalictrum nigricans, sont beaucoup moins considérables que ceux qui sont produits par le thalictrum macrocarpum.

TABLE DES MATIÈRES.

TROISIÈME PARTIE, — RECHERCHES PHYSIOLOGIQUES.

Paris. — A. PARENT, imprimeur de la Faculté de Médecine, rue M.-le-Prince, 29-31.

EN VENTE A LA MÊME LIBRAIRIE

Paris — A. PARENT, imp. de la Faculté de Médecine, r. M.-le-Prince, 29-31

www.ingramcontent.com/pod-product-compliance
Ingram Content Group UK Ltd.
Pitfield, Milton Keynes, MK11 3LW, UK
UKHW031047260726
13965UKWH00006B/690

9 782013 276986